本书系2024年度辽宁省经济社会发展研究课题"产业融合对辽宁绿色创新效率的影响及机制研究"（2024lslqnkt-012）

中国模式
财政转移支付对相对贫困的影响研究

章润兰◎著

光明日报出版社

图书在版编目（CIP）数据

财政转移支付对相对贫困的影响研究 / 章润兰著 . --北京：光明日报出版社，2024.8. -- ISBN 978-7-5194-8248-0

Ⅰ. F812.45；F832.35

中国国家版本馆 CIP 数据核字第 2024PY3671 号

财政转移支付对相对贫困的影响研究

CAIZHENG ZHUANYI ZHIFU DUI XIANGDUI PINKUN DE YINGXIANG YANJIU

著　　者：章润兰	
责任编辑：史　宁	责任校对：许　怡　王秀青
封面设计：中联华文	责任印制：曹　诤

出版发行：光明日报出版社

地　　址：北京市西城区永安路 106 号，100050

电　　话：010-63169890（咨询），010-63131930（邮购）

传　　真：010-63131930

网　　址：http://book.gmw.cn

E - mail：gmrbcbs@gmw.cn

法律顾问：北京市兰台律师事务所龚柳方律师

印　　刷：三河市华东印刷有限公司

装　　订：三河市华东印刷有限公司

本书如有破损、缺页、装订错误，请与本社联系调换，电话：010-63131930

开　　本：170mm×240mm

字　　数：200 千字　　　　　　　　　印　张：13.5

版　　次：2025 年 1 月第 1 版　　　　　印　次：2025 年 1 月第 1 次印刷

书　　号：ISBN 978-7-5194-8248-0

定　　价：85.00 元

版权所有　　翻印必究

序　言

　　贫困是阻碍全球社会发展的重大问题，消除贫困是人类的共同使命。按照世界银行确定的日均收入1.9美元的绝对贫困线标准，2020年全球仍有7.2亿人口生活在极度贫困线之下，极端贫困率为9.5%。新中国成立初期，贫困问题成为制约社会发展的关键性问题，1979年年末全国贫困人口高达7.7亿。为了摆脱贫困的状况，我国先后实施体制改革扶贫、开发式扶贫和精准扶贫，取得了显著的减贫效果，创造了人类减贫史上的中国奇迹。按照2011年绝对贫困线标准，2020年我国农村贫困人口全部脱贫，832个贫困县全部摘帽，绝对贫困现象历史性消除。但绝对贫困在统计意义上的消失并不意味着反贫困的终结，2020年后我国进入以相对贫困为主要表现形式的"后扶贫时代"，解决相对贫困问题成为反贫困工作的重心。党的十九届四中全会明确提出要巩固脱贫攻坚成果并建立解决相对贫困的长效机制。党的十九届五中全会重点强调"共同富裕"，要求将脱贫攻坚和乡村振兴相衔接，将解决相对贫困作为推进共同富裕的基石。在这一背景下，研究相对贫困问题既有利于丰富和完善贫困治理理论，也为推进相对贫困治理实践提供政策参考。

　　与绝对贫困不同，相对贫困与收入分配有关，初次分配不公是相对贫困形成的逻辑起点，且很难通过市场机制有效解决，因而需要政府承担相对贫困的治理责任，通过财政再分配手段矫正初次分配的不公平，缓解相对贫困。财政转移支付以地区间财力差异为基础，以实现基本公共服务均等化为导向，是一种强化财政再分配职能、扭转居民间财富分配失衡的重要制度安排，也构成相对贫困治理的制度保障底线。实践中想要通过财政转移支付有效缓解相对贫困在很大程度上取决于其激励方向与效应，在中国式财政分权体制下，财政转移支付可以改变地方政府的预算约束，对地方政府的收支决策形成不同程度和方向的激励，促使地方政府调整财政收支水平和结构，继而会影响相对贫困治理的质效。基于此，厘清财政转移支付影响相对贫困的传导机制对于提升相对贫困治理效率是一个值得研究的重要议题。

　　本书以财政转移支付对相对贫困的影响研究为题，致力于解决以下三个问题：第一，基于贫困理论，构建中观视角下的相对贫困测度指标，并对我国的相对贫困现状进行分析，为本书研究提供现实依据；第二，根据相关理论，厘清财政转移支付影响相对贫困的传导机制，并进行相应的实证检验，使理论分析与实证检验有机统一；第三，依据本书的实证分析结果提出切实可行的政策建议，为构建解决相对贫困的长效机制，提高相对贫困治理效率提供有价值的指导。

总体而言，本书具有以下特点：第一，研究视角丰富。这主要体现在两个层面：一是从"绝对贫困"转向"相对贫困"。绝对贫困与"基本需求"相关，随着2020年我国现行标准下绝对贫困问题得到根本性的解决，贫困治理进入以相对贫困为核心的新阶段。如何构建解决相对贫困的长效机制，是巩固脱贫成果、满足人民美好生活需要的现实诉求，更是推进全面脱贫与乡村振兴的有效衔接，最终实现共同富裕的重要保障。为此，本书基于相对贫困视角展开研究，有利于丰富现有的反贫困理论体系。二是由"微观视角"转向"中观视角"。考虑到地方政府在贫困治理中的作用以及财政转移支付对地方政府行为的激励和扭曲，本书构建省级层面的相对贫困指标，基于"中观视角"探究财政转移支付对相对贫困的影响，这不仅可以对已有研究进行补充，而且也与相对贫困治理的逻辑思路相吻合。第二，研究内容拓展。本书根据反贫困理论、公共产品理论、福利经济学理论和财政分权理论，将财政转移支付影响相对贫困的传导机制归纳为基本公共服务均等化、地方财政支出结构和地方税收努力，并对这三种传导机制加以实证检验。基于研究结论提出针对性的政策建议，为规范财政转移支付制度，构建解决相对贫困的长效机制具有借鉴和参考价值。第三，研究方法改进。本书构建相对贫困指数（相对贫困程度与相对贫困发生率的乘积）这一复合指标测度相对贫困状况，提高了指标测度的准确性。此外，本书基于理论分析，运用中介效应检验模型和面板联立方程模型实证检验了财政转移支付影响相对贫困的直接机制和间接机制，并将这两个方面纳入统一的分析框架中，对于深入解析财政转移支付影响相对贫困的机制有所裨益。

本项研究成果经过光明日报出版社审批，列入该社《马克思主义研究文库》推荐出版书目。感激之余，深感不安，因为尽管竭尽全力，但因水平有限，呈现给各位读者的这份研究成果，仍有不尽如人意之处，敬请批评指正。

章润兰
2023年10月

目 录
CONTENTS

第一章 绪 论 ·· 1
  第一节 选题背景与研究意义 ·· 1
    一、选题背景 ·· 1
    二、研究意义 ·· 3
  第二节 文献回顾与评析 ·· 5
    一、相对贫困：内涵、测度、形成机制与治理 ······················ 5
    二、财政转移支付的相关研究 ··· 12
    三、财政转移支付对相对贫困的影响研究 ·························· 21
    四、文献评析 ·· 24
  第三节 研究内容与方法 ·· 25
    一、研究内容 ·· 25
    二、研究方法 ·· 27
  第四节 创新点与不足之处 ·· 29
    一、创新点 ··· 29
    二、不足之处 ·· 31

第二章 财政转移支付影响相对贫困的一般性分析 ·················· 32
  第一节 概念界定 ·· 32
    一、财政转移支付 ··· 32
    二、相对贫困 ·· 34

1

第二节　理论基础 ……………………………………………… 38
　　一、反贫困理论 ……………………………………………… 38
　　二、公共产品理论 …………………………………………… 42
　　三、福利经济学理论 ………………………………………… 44
　　四、财政分权理论 …………………………………………… 46
第三节　财政转移支付影响相对贫困的传导机制 …………… 49
　　一、基本公共服务均等化 …………………………………… 49
　　二、地方财政支出结构 ……………………………………… 53
　　三、地方税收努力 …………………………………………… 55

第三章　财政转移支付与相对贫困的特征事实 ……………… 57
　第一节　财政转移支付的制度演进与现状分析 ……………… 57
　　一、财政转移支付的制度发展过程 ………………………… 57
　　二、财政转移支付的时序演变 ……………………………… 65
　　三、财政转移支付的空间分布 ……………………………… 71
　第二节　相对贫困的测度与时空分布 ………………………… 73
　　一、相对贫困的测度 ………………………………………… 73
　　二、相对贫困的时序演变 …………………………………… 81
　　三、相对贫困的空间分布 …………………………………… 90

第四章　财政转移支付影响相对贫困的机制检验：基本公共服务均等化
　　……………………………………………………………… 92
　第一节　理论分析与研究假设 ………………………………… 92
　　一、基本公共服务均等化影响相对贫困的机制 …………… 92
　　二、财政转移支付与基本公共服务均等化影响相对贫困的机制 … 93
　第二节　研究设计 ……………………………………………… 94
　　一、模型构建 ………………………………………………… 94
　　二、变量定义 ………………………………………………… 96
　　三、数据来源 ………………………………………………… 99

    第三节 实证结果与分析 ………………………………………… 101
        一、实证结果 ……………………………………………… 101
        二、异质性分析 …………………………………………… 103
        三、稳健性检验 …………………………………………… 108
    第四节 财政转移支付影响相对贫困的结构性差异分析 ……… 113
    第五节 本章小结 ………………………………………………… 115

第五章 财政转移支付影响相对贫困的机制检验：地方财政支出结构 …
    ……………………………………………………………………… 116
    第一节 理论分析与研究假设 …………………………………… 116
        一、地方财政支出结构影响相对贫困的机制 …………… 116
        二、财政转移支付与地方财政支出结构影响相对贫困的机制 … 118
    第二节 研究设计 ………………………………………………… 119
        一、模型构建 ……………………………………………… 119
        二、数据来源及变量选取 ………………………………… 120
    第三节 实证结果与分析 ………………………………………… 122
        一、实证结果 ……………………………………………… 122
        二、机制识别 ……………………………………………… 126
        三、异质性分析 …………………………………………… 128
        四、稳健性检验 …………………………………………… 133
    第四节 财政转移支付影响相对贫困的结构性差异分析 ……… 137
        一、实证结果 ……………………………………………… 137
        二、机制识别 ……………………………………………… 139
    第五节 本章小结 ………………………………………………… 142

第六章 财政转移支付影响相对贫困的机制检验：地方税收努力 …… 143
    第一节 理论分析与研究假设 …………………………………… 143
        一、地方税收努力影响相对贫困的机制 ………………… 143
        二、财政转移支付与地方税收努力影响相对贫困的机制 ……… 145
        三、财政转移支付对相对贫困的非线性影响 …………… 146

3

第二节　模型构建与数据说明 · 147
一、模型构建 · 147
二、变量说明和数据来源 · 148
第三节　实证结果与分析 · 151
一、实证结果 · 151
二、机制识别 · 153
三、异质性分析 · 155
四、稳健性检验 · 159
第四节　财政转移支付影响相对贫困的结构性差异分析 · 163
一、实证结果 · 163
二、机制识别 · 165
第五节　面板门槛回归分析 · 168
一、面板门槛回归模型 · 168
二、实证结果 · 168
第六节　本章小结 · 172

第七章　研究结论与政策建议 · 173
第一节　研究结论 · 173
一、财政转移支付与相对贫困特征事实分析的结论 · 174
二、基本公共服务均等化机制检验的结论 · 175
三、地方财政支出结构机制检验的结论 · 175
四、地方税收努力机制检验的结论 · 176
第二节　政策建议 · 177
一、规范财政转移支付制度以降低相对贫困水平 · 178
二、优化地方财政支出结构以缓解相对贫困程度 · 179
三、提高地方税收努力程度以改善相对贫困状况 · 182
四、完善转移支付制度激励机制以提升相对贫困治理效率 · 183

参考文献 · 185
后　记 · 206

第一章

绪　论

构建解决相对贫困的长效机制是实现共同富裕的基石，更是全面建成社会主义现代化强国的重要推动力，财政转移支付作为实现基本公共服务均等化的重要手段，构成相对贫困治理的底线制度保障。本章首先阐述选题背景及研究意义，然后对国内外文献进行系统性的梳理和评价，接着对本书的研究内容和研究方法加以说明，最后给出本书的创新点与不足之处。

第一节　选题背景与研究意义[①]

一、选题背景

消除贫困一直以来都是世界各国高度重视的问题，如何减贫脱贫更是发展中国家亟待解决的一个难题。党的十八大以来，我国脱贫攻坚取得了可观的成效，按照2011年绝对贫困线标准，2020年农村贫困人口全部脱贫，832个贫困县全部摘帽，绝对贫困现象历史性消除。但绝对贫困在统计意义上的消失并不意味着反贫困的终结，党的十九届四中全会正式提出建立解决相对贫困的长效机制。当前我国已踏上全面建设社会主义现代化

[①] 本书属于省社科联2024年度辽宁省经济社会发展研究课题研究成果。项目名称："产业融合对辽宁绿色创新效率的影响及机制研究"（2024lslqnkt-012）

强国的新征程，实现共同富裕是社会主义的本质要求，党的十九届五中全会重点强调"共同富裕"，要求将脱贫攻坚和乡村振兴相衔接，将解决相对贫困作为推进共同富裕的基石。中央财经委员会第十次会议进一步强调，要改善民生，推动区域协调发展，巩固脱贫攻坚战成果，为实现共同富裕创造良好条件。共同富裕是一个长远目标，不可能一蹴而就，需要一个过程，脱贫攻坚为推动共同富裕积累了丰富的经验①，而解决相对贫困是未来实现共同富裕这一美好愿景的重要前提②。在这一背景下，建立低收入群体帮扶体系，构建解决相对贫困的长效机制，扎实推进共同富裕就成为需要深入探讨的重要课题。

相较于绝对贫困，相对贫困与不同群体间财富和收入的分配状况有关（高强，2020），意指财富过多地向富人群体集中，致使部分社会成员无法获得社会公认的基本生活保障从而处于比较劣势的地位。而要素价格差异导致的初始分配不公平是相对贫困形成的逻辑起点，且这种相对贫困问题很难通过市场机制有效地加以解决。由此，需要政府承担相对贫困的治理责任，通过财政再分配手段对初始分配的不公平进行矫正，这不仅可以确保财富与收入分配差距处于社会认可的合理区间，也是贯彻共享发展理念、实现共同富裕的基本诉求。

财政转移支付以地区财力差异为基础，以实现基本公共服务均等化为导向，是一种强化财政再分配职能、扭转群体间财富分配失衡的重要制度安排（卢盛峰等，2018），成为缓解相对贫困的制度保障底线。分税制改革以来，我国财政转移支付规模呈现显著增长趋势，1994年到2020年财政转移支付总额由2389.09亿元增长为84376.26亿元，年均增长率高达14.69%③。如此大规模的财政转移支付是否通过促进基本公共服务均等化切实缓解了相对贫困状况？此外，在中国式财政分权体制下，财政转移支

---

① 陈燕. 中国共产党的共同富裕：理论演进与实现路径 [J]. 科学社会主义，2021（3）：115-120.
② 谢华育，孙小雁. 共同富裕、相对贫困攻坚与国家治理现代化 [J]. 上海经济研究，2021（11）：20-26.
③ 根据1994年国家决算报告和2020年中央对地方转移支付决算表计算得到。

付既是弥补地区财政缺口、提高均等化水平的政策工具，同时也是一种制度激励，改变地方政府的预算约束，对地方政府的收支决策形成不同程度和方向的激励，而调整地方政府收支决策意味着改变原有的地方财政支出结构和地方税收努力，不可避免地影响到区域相对贫困状况。那么，财政转移支付是否通过改变地方财政收支决策间接影响相对贫困？财政转移支付、地方财政收支决策与相对贫困间存在怎样的内在关系与传导机制？地方财政收支决策如何发挥传导作用？不同类型财政转移支付对相对贫困的影响是否存在结构性差异？基于对这些问题的回应，本书先从理论层面将财政转移支付影响相对贫困的传导机制归纳为基本公共服务均等化、地方财政支出结构和地方税收努力，继而通过构建中介效应检验模型和面板联立方程模型加以实证检验，最终得出部分有价值的结论，并提出针对性的政策建议，这对于完善财政转移支付、规范地方政府行为激励机制和建立相对贫困治理的长效机制具有重要的理论与政策参考价值。

二、研究意义

随着2020年我国现行标准下的绝对贫困问题得到根本性的解决，贫困治理进入以相对贫困为核心的新阶段，建立相对贫困治理的长效机制既是巩固脱贫攻坚成果的内在要求，也是扎实推进共同富裕的重要前提。财政转移支付作为财政管理制度的重要组成部分，不仅关涉地区间基本公共服务均等化的实现程度，而且会改变地方政府的财政预算约束，促使地方政府调整原有的收支决策，进而影响地区的相对贫困状况。本书以财政转移支付对相对贫困的影响研究为题，聚焦财政转移支付对相对贫困影响的传导机制分析，具有重要的理论意义和现实价值。

（一）理论意义

第一，构建财政转移支付影响相对贫困的理论框架。首先，通过对"绝对贫困与相对贫困""收入不平等与相对贫困"这两组概念的辨析，明确了相对贫困的概念和性质，并在此基础上构建了相对贫困的衡量指标。其次，阐述反贫困理论、公共产品理论、福利经济学理论和财政分权理论的相关内容，为财政转移支付对相对贫困的影响研究提供理论基础。最后，从理论层面探究财政转移支付影响相对贫困的传导机制，并将其归纳为基本公共服务均等化、地方财政支出结构和地方税收努力三个维度，构建财政转移支付影响相对贫困的理论框架。这不仅有助于丰富和拓展财政转移支付与相对贫困研究的理论外延，而且为完善财政转移支付，规范地方政府行为激励机制，建立相对贫困治理的长效机制提供理论支撑与借鉴。

第二，厘清财政转移支付影响相对贫困的传导路径。从财政转移支付设计的目的和功能出发，对财政转移支付通过基本公共服务均等化影响相对贫困的传导路径进行理论说明。同时，基于财政转移支付的激励机制，对财政转移支付通过地方财政支出结构和地方税收努力作用于相对贫困的传导路径进行理论阐述，这对于全面系统地明晰财政转移支付对相对贫困的影响具有重要的意义。

第三，探究财政转移支付影响相对贫困的结构性差异。基于不同类型财政转移支付的功能定位，理论分析了一般性转移支付和专项转移支付通过基本公共服务均等化、地方财政支出结构和地方税收努力影响相对贫困的结构性差异，丰富了关于财政转移支付治理相对贫困效应和传导机制方面的理论认知。

(二) 现实意义

第一，为科学建立解决相对贫困的长效机制提供现实指导和政策借鉴。绝对贫困在统计意义上的消失并不意味着反贫困的终结，相对贫困仍将长期存在，如何采取有效措施建立解决相对贫困的长效机制，巩固脱贫攻坚的成果，成为下一阶段贫困治理工作的重点。本书以相对贫困作为切入点，基于财政转移支付的功能及激励机制，从基本公共服务均等化、地方财政支出结构和地方税收努力三个维度深入分析了财政转移支付影响相对贫困的传导机制，并开展了实证检验，在此基础上得出相关研究结论，给出针对性的政策建议，成为指导相对贫困治理实践的重要参考。

第二，为规范财政转移支付、完善财政转移支付的制度激励提供决策依据。本书将财政转移支付的制度激励运用于相对贫困治理研究，探究财政转移支付通过地方政府收支决策影响相对贫困的传导路径和效应，这不仅明确了地方政府在相对贫困治理中的职责定位，而且将规范财政转移支付、优化地方政府行为激励机制与治理相对贫困有效衔接，对于实现三者的协调，提高相对贫困治理的效率具有重要指导价值。

第二节 文献回顾与评析

相对贫困是继绝对贫困之后国内外学者关注的热点问题，而财政转移支付是相对贫困治理的重要制度保障。本部分从相对贫困的四个维度、财政转移支付的三个方面、财政转移支付影响相对贫困的两个视角对国内外文献进行全面系统的梳理、归纳和评析，为本书研究思路与研究内容框架的设计提供启示，同时也为创新点的提出与实证分析提供切入点。

一、相对贫困：内涵、测度、形成机制与治理

国内外学者关于相对贫困的研究，主要聚焦于相对贫困内涵、相对贫困测度、相对贫困形成机制与相对贫困治理四个维度。

（一）相对贫困内涵的研究

相对贫困的内涵随着贫困理论研究的不断深化而逐渐丰富。布斯（Booth，1902）和朗特里（Rowntree，1902）将贫困诠释为物质的绝对匮乏，认为贫困与生理上最低需要紧密联系，当最低需求都无法得到满足时，人就不能实现可持续发展，他们将这种贫困界定为绝对贫困。绝对贫困定义在实践操作中的局限性令其遭受质疑。在此基础上，朗西曼（Runciman，1966）等提出了相对贫困概念，他们不再聚焦"最低需求"，而是从"平均生活水平"出发，认为家庭（个人）无法达到社会平均生活水平时就处于相对贫困状态之中。与绝对贫困不同，相对贫困的判定标准是正常生活水平，而非最低生活水平，它包括以其他社会群体为参照物时产

生的一种相对剥夺的主观感受。

相对贫困的概念研究顺应了20世纪70年代经济增长减缓和失业率增加的时代背景，推动了学者对贫困理解的范式革命。一些学者基于收入视角，聚焦于相对收入，分析群体间收入被剥夺的状态，扩展了贫困理论。其中，汤森（Townsend，1979）对相对贫困的解释最为学界所接受，他认为贫困不仅仅是基本生活必需品的匮乏，更表现为与生活相关的种种资源的缺失，这使得部分群体的生活不足以达到社会平均生活水平，从而无法融入正常生活和社会活动之中。1984年欧盟将低于平均收入的50%确定为贫困标准，对从相对贫困意义上全面理解贫困进行了实践。随着社会剥夺和社会排斥概念框架在贫困研究领域的运用，阿马蒂亚·森（Sen，1985）对汤森的理论表示质疑，他认为在相对贫困概念理解中，不能单纯地强调"相对性"，更应该关注其"贫困"的内核，即缺乏获取某种生存机会的可行能力，阿马蒂亚·森的理论进一步完善和丰富了相对贫困的概念。

虽然国内学者在相对贫困概念界定问题上并未发生激烈的学术辩论，但对相对贫困一词的理解仍存在不同的观点。一种观点强调相对贫困的"相对性"，认为分配不公是相对贫困产生的根源，相对贫困的内涵是不平等，"相对"是永恒的，"贫困"是可以去除的。辛秋水从相对贫困形成的原因出发，认为相对贫困是社会不平等引发的一种发展型贫困状态，这一观点得到了刘祖云的认同。叶敬忠也表示相对贫困的实质是社会差距，具有群体比较的"相对性"，是贫困群体的生活水平与社会平均生活水平的距离。杨力超和罗伯特（Robert，2020）则将相对贫困与收入分配等同，认为不同群体的收入分布情况就是相对贫困状况。另一种观点则聚焦于相对贫困中的"贫困"，认为相对贫困具有一个不可去除的内核——"贫困"，没有"贫困"的相对贫困只是一种不平等。陆小华（2000）认为特定群体缺乏满足生活所需的物质和非物资资本的生存状态就是相对贫困。张传洲（2020）指出相对贫困是社会贫困的一种类型，既表现为收入低下的物质贫困，又表现为社会能力不足的精神贫困。林闽钢（2020）从"贫困"的中文语义出发，认为"贫"表示收入不足，"困"则意味处于艰难窘迫或无法摆脱的困境，相对贫困是"贫"与"困"相互交织的结果。

（二）相对贫困测度的研究

国外学者对相对贫困测度方法的研究建立在相对贫困概念界定的基础之上。汤森（1979）依据其对相对贫困概念的理解，提出了相对收入标准方法和剥夺标准方法。相对收入标准方法是用平均收入加以测量，其缺陷是无法针对所有家庭设定统一的相对收入标准，因此又通过评价资源剥夺水平提出了剥夺标准方法。在此基础上，阿马蒂亚·森（2001）提出了指数测量方法，认为对贫困的度量可以分为2个步骤，即识别与加总，但无法测度收入分配状况，为了弥补这一缺陷，他引入了基尼系数G以度量收入分配的不公平程度，由此得出了一个更精确的衡量贫困的指数P[①]。P指数基于相对贫困的内涵，既从相对贫困的内核——"贫困"出发，对贫困状况进行"识别"和"加总"，又关注相对贫困的"相对性"，反映收入分配的不平等程度。阿尔基尔（Alkire）和福斯特（Foster，2011）构造了多维贫困指数（MPI），该指数突破了以往研究方法的局限性，不仅能够实现对多维贫困的识别和分解，而且能利用调整的多维贫困计算不平等程度，但MPI指数无法测度群体间的不平等状况。里平（Rippin，2016）充分考虑了MPI指数的缺陷，创建了相关敏感贫困指数（CSPI），并把贫困分解为贫困发生率、贫困强度及不平等三个部分。实践中，欧盟使用收入中位数标准测度成员国的相对贫困水平，根据居民收入排序确定收入中位数，将收入水平位于中位数60%之下的人口识别为相对贫困人口。经济合作与发展组织（OECD）以中位收入或平均收入的50%作为相对贫困线标准。以上方法的设计都将社会收入分配不平等因素考虑其中，在一定程度上实现了对相对贫困的测度。

我国并未形成统一的相对贫困衡量标准，国内学者在充分借鉴国外相对贫困指标设定的基础上，结合对相对贫困概念的认知，相继提出了一些测度相对贫困的方法和指标。一些学者采用OECD的做法，将中位收入或

[①] 指数P的计算公式为：$P=H\{I+(1-I)G\}$，其中H是贫困人口百分比，I是贫困人口收入差距总和与贫困线的比值，称为贫困矩，G为基尼系数。

平均收入的50%作为相对贫困线，把低于该收入的群体定义为相对贫困人口，把相对贫困人口占全体人口的比率表示为相对贫困发生率，依此衡量相对贫困状况（张青，2012；程永宏等，2013；杨帆、庄天慧，2018）。蔡亚庆（2016）等建议将地区人均净收入的50%设定为相对贫困线。邢成举和李小云（2019）提出以农村居民人均可支配收入中位数的40%作为相对贫困标准，并根据经济发展水平进行动态调整。也有一部分学者认为，相对贫困属于收入分配的范畴，重点关注总收入中贫困群体的收入分配占比问题，建议结合收入分布函数和相对贫困线以准确反映相对贫困状况（陈宗胜等，2013；胡兵等，2007；康璞、蒋翠侠，2009）。

也有一些学者持不同的观点。李永友和沈坤荣（2007）对单纯使用相对贫困线或基尼系数衡量相对贫困的做法表示质疑，认为相对贫困线无法反映不同群体间的收入分配情况，不能进行相对贫困程度测度，而基尼系数则无法测度一个社会相对贫困人口的比率，即相对贫困发生率，因此主张采取复合指数的形式衡量相对贫困，这一观点也得到了岳明阳（2018）、秦建军和戎爱萍（2012）的支持。还有部分学者认为现阶段我国不应采用相对贫困标准，只需提高绝对贫困线标准即可。魏后凯主张以日均3.2美元的高贫困线作为2020年后我国相对贫困测度的标准。林万龙和陈蔡春子基于满足基本需求的视角，提出低限贫困和高限贫困双重标准，低限贫困以"两不愁三保障"的基本需求为判定标准，高限贫困则以满足居民对八大类商品和服务的基本需求为判定标准。

(三) 相对贫困形成机制的研究

相对贫困的形成原因具有多元性，与其他类型贫困的致贫原因既有共性，也更具个性。一些学者对贫困现象进行了深入研究，归纳总结出一些致贫的共同原因。马尔萨斯（Malthus，1798）最早提出了贫困问题，他认为贫困产生的根源在于人口增长速度快于食物供给速度，保持人口增长同生活资料供给之间的平衡是最佳的反贫困手段。马克思（Marx，1867）从制度层面揭示了贫困的根源，他表示资本家通过扩大再生产的方式以获得更多的剩余价值，在扩大再生产的过程中资本家一方面增加生产资料购买的资本，另一方面减少劳动力投入的资本，最终出现机器排挤工人的现象，相对过剩人口产生，失业和贫困也随即发生。纳克斯（Nurkse，1953）提出了"贫困恶性循环理论"，认为发展中国家经济发展陷入困境的原因在于资本匮乏，这一观点得到纳尔逊（Nelson，1956）和莱宾斯坦（Leibenstein，1957）的支持。艾尔斯（Ayres）和米达尔（Myrdal，1971）提出了"循环积累因果关系"理论，认为收入水平低是发展中国家贫困的重要原因，并从社会、经济、政治和制度等多维视角进一步分析了低收入产生的因素，强调通过制度改革实现收入增长。汤森（1979）表示资源和权利的缺失是相对贫困形成的根源。阿马蒂亚·森则进一步将相对贫困产生的原因归结为可行能力不足导致的分配不均。舒尔茨（Schultz，1981）从"人力资本"视角解释贫困的成因，认为决定经济增长的主要因素不是自然资源或资本，而是人力资源的数量和质量，发展中国家的贫困程度取决于人力资本积累的水平。奥本海姆（Oppenheim，1993）认为，在物质、保暖和衣着方面的支出水平低于平均水平时会产生相对贫困。钟（Chung，2018）则表示收入低下不足以构成贫困形成的全部原因，健康不平等类非货币因素也是重要的致贫原因。

在相对贫困形成机制的研究层面，国内学者从制度贫困、权利贫困、多维贫困以及社会资本贫困等多角度展开分析。在制度贫困层面，霍艳丽和童正容（2005）认为，我国的相对贫困现象是由制度因素导致的，提出应以社会制度公平来解决相对贫困问题。周仲高和柏萍（2014）表示，分配准则的不公平使得部分群体在权利分配过程中难以获得同等的权利，从而形成了"制度性"相对贫困。赵伦（2014）指出，相对贫困的产生建立在群体比较和心理认知的基础上，表现为对自我贫困状况和社会收入分配状况的评价，认为收入分配不公平导致相对贫困产生。凌经球（2019）认为基本公共服务不均等和收入分配不公是相对贫困形成的主要原因。

在权利贫困层面，一些学者认为相对贫困不单纯是资源的短缺，更是权利的不足，应该从社会权利视角分析相对贫困的形成机制。林卡（2006）认为相对贫困源于社会权利不足而被排斥在主流社会生活之外，这种权利贫困在弱势群体中广泛存在。张等文和陈佳（2014）指出，我国的相对贫困更多地表现为城乡之间的相对贫困，农民一方面在物质生活上相对贫困，另一方面在权利享有上相对贫困。许源源（2015）基于权利理论视角分析了农民相对贫困产生的原因，认为农民自然资源所有权缺失，交换机会不足，劳动所得缺乏保障，因而陷入相对贫困状况。

在多维贫困层面，李炳炎和王冲（2012）认为，我国经济高速增长与差距拉大同时存在，这种差距不仅表现为城乡差距，也表现为地区差距和行业差距，多维差距促使基本公共服务供给不均等，从而构成了国民待遇的不平等，最终导致我国相对贫困问题的出现。一些学者同样认为相对贫困的产生不仅取决于收入、资产等经济因素，还受到教育、医疗、住房等社会因素的影响，甚至还包括区域、生态等环境因素（白增博，2019；向德平，2020；王小林、张晓颖，2021）。

在社会资本层面，一些学者从人情社会、"关系"网络的社会资本维度阐释我国相对贫困产生的原因。李梦娜（2019）分析了农民工陷入相对贫困的原因，认为社会资本匮乏使得农民工获得的社会支持有限，从而成为相对贫困群体。罗明忠和邱海兰（2021）认为，社会资本积累不足降低了农户持续发展的能力，使得农户因为可持续发展动力不足陷入相对贫困状况。詹智俊等（2022）指出，社会资本贫困是继传统实物资本贫困之后的又一重要致贫因素。

（四）相对贫困治理的研究

国外学者对相对贫困治理的研究取得了较为丰富的成果，早期学者从经济因素入手聚焦于相对贫困治理路径的研究。夏洛克斯（Shorrocks）和霍汶（Hoeven，2004）指出，对于发展中国家而言，减贫政策不仅要促进经济增长，更为重要的是，要实现亲贫式增长。拉瓦雷（Ravallion）和陈（Chen，2004）却明确指出，经济增长只是贫困治理乃至相对贫困治理的必要而非充分条件，经济增长的"涓滴效应"在惠及穷人上具有不确定性，甚至会加大收入差距，恶化相对贫困。布雷迪（Brady，2005）从提高国家福利供给水平层面给出了相对贫困治理的建议。罗（Luo，2011）基于1988—2002年的中国数据，经研究发现，穷人从经济增长的"涓滴效应"中受益，政府应推动经济增长以缓解相对贫困。随着对相对贫困认识的不断深入，学者们逐渐聚焦政治、文化、能力等层面寻求缓解相对贫困的方法。阿尔基尔基于多维贫困理论，认为相对贫困的产生与经济条件和人力资本密切相关，应实施提高收入，增加人力资本积累等措施以提升相对贫困治理的效率。洛艾萨（Loayza，2010）认为教育和健康水平对劳动者的生产效率具有重要影响，提高教育和健康水平能够有效地增加劳动者的收入，从而降低相对贫困程度。

国内学者基于相对贫困产生的多元性，从多角度探索解决相对贫困问题的方法和路径。李永友和沈坤荣（2007）指出市场机制无法自发地解决相对贫困问题，政府应该通过再分配手段重新调整社会收入和财富的分配格局，矫正初次分配带来的不平等，进而缓解相对贫困。李珍（2017）基于社会权利视角探究解决相对贫困的办法，提出通过优化和健全多层次社会保障制度缓解相对贫困。也有学者借鉴国际经验提出了相对贫困治理的政策启示。白增博等（2017）介绍了美国的经验做法，认为相对贫困治理应建立在家庭治理的基础上，通过构建多元主体参与机制提高相对贫困治理的质效。谢申祥等（2018）表示，提高基础设施的供给水平能有效缓解农村相对贫困状况。林小青等（2018）提出，应该创新帮扶机制，通过实施动态管理，丰富资金来源渠道，提高医疗保障水平，扩大教育助学规模等辅助措施，实现脱贫不返贫。申浩（2019）从文化贫困视角出发，认为相对贫困治理应以未来新贫困群体为主体，通过加强文化教育探索相对贫困治理路径。桂华（2019）认为内生动力不足是农村相对贫困形成的重要原因，文化扶贫是缓解农村相对贫困的可行途径。唐任伍（2019）提出，矫正精神贫困是"后扶贫时代"贫困治理的重点内容，改变"等靠要"的贫困心理能够有效解决相对贫困问题。

一些学者还提出了相对贫困治理长效机制的构建思路。白永秀和刘盼（2019）从六个维度给出构建解决相对贫困长效机制的有效措施，建议通过建立动态识别、就业提升、代际阻断、兜底保障、收入分配、联动协作六机制有效治理相对贫困。袁金辉（2019）则提出构建解决相对贫困长效机制的"五举措"，分别是产业扶贫、社保兜底、收入增长、激发内生动

11

力和加强社会协同。范和生和刘凯强（2019）指出构建解决相对贫困的长效机制应加强能力建设。汪鹏（2020）从党的领导、志智双扶、机制识别、制度健全、格局完善、体系构建六个方面提出建立解决相对贫困长效机制的可行举措。蒋永穆和祝林林（2021）从相对贫困的动态性、复合性和多元性出发，认为建立解决相对贫困长效机制的关键在于确定相对贫困标准，并在此基础上识别相对贫困群体。吴宗友和甘文园（2022）以社会资本为理论视域，指出解决农村留守家庭相对贫困问题的路径在于帮助他们实现社会关系网络的重构，同时在基层党组织领导下促进传统乡土信任的回归，增加乡村社会资本积累，进而实现高质量的乡村振兴。

二、财政转移支付的相关研究

作为财政管理体制的重要组成部分，财政转移支付是处理政府间财政关系中有效平衡财政集权与分权关系的调节器。国内外学者对财政转移支付的相关研究主要集中于财政转移支付均等化效应研究、财政转移支付对地方政府行为的影响研究以及财政转移支付对收入差距的影响研究三个维度。

（一）财政转移支付的均等化效应研究

国内外学者将财政转移支付的均等化效应理解为"财力均等化"和"基本公共服务均等化"，并从这两个视角开展了相关研究。

在财政转移支付的财力均等化方面，一些学者认为财政转移支付具有较好的财力均等化效应。伯德（Bird）和斯马特（Smart，2002）指出，财政转移支付不仅有利于调节政府间纵向不平衡，而且有助于缩小政府间横向财政差距。鲍德威（Boadway，2004）认为，财政转移支付可以有效缓解纵向失衡和横向失衡，矫正要素流动的负外部性，提高居民福利均等化水平。陈旭佳（2014）利用1996—2011年中国省级数据，使用时间序列泰尔指数考察了我国财政转移支付的财力均等化效应，发现财政转移支付在均衡地方总体收入不平衡和地区不平衡方面具有显著的效果。戴平生和陈壮（2015）利用基尼系数对我国2001—2012年财政转移支付的财力均等化效应进行测度，结果显示财政转移支付在均等化地方财力方面发挥了积极作用，且呈现出持续上涨的趋势。谢宇航和陈永正以澳大利亚、德国和美国为例，分析不同国家财政转移支付的地方财力均等化效应，结果发现这三个国家的财政转移支付都有助于均等化地方财力，其中澳大利亚财政转移支付的均等化程度最高，德国次之，美国最低。马海涛和任致伟（2017）基于县级数据研究了我国财政转移支付的财力均等化效应，发现财政转移支付对于均衡县级财力具有一定的成效。

也有一些学者认为财政转移支付的财力均等化效应并不明显。加西亚·米拉（Garcia-Milà）和麦奎尔（McGuire，2001）对西班牙的财政转移支付均等化效应进行测算，发现西班牙的财政转移支付没有发挥财力均等化的作用。都井等（Tsui，2005）运用变异系数法测算了我国地区间财力变化情况，得到了相似的结论，认为财政转移支付实现财力均等化的作用甚微。黄（Huang）和陈（Chen，2012）采用熵值法对我国1995—2007年财政转移支付的财力均等化效应进行验证，结果显示总体上财政转移支付并不能平衡地区间的财力差距。董艳梅（2013）将我国省级行政辖区按照经济发展程度划分为三大区域，并通过变异系数指标对比分析了财政转移支付财力均等化效应的地区异质性，结果表明财政转移支付在欠发达地区不仅没有发挥财力均等化作用，反而拉大了财力差距。郝春虹等（2021）使用不同方法，从不同角度系统性地考察了中国财政转移支付的财力均等化效应，结果表明2009年以后财政转移支付的财力均等化效应逐渐减弱，还存在较大的改善空间。

一些学者还进一步分析了财政转移支付不能有效实现财力均等化的原因。都井等（2005）认为地区的初始财力差距过大是我国财政转移支付无法实现财力均等化的主要原因。王（Wong，2005）利用泰尔指数和基尼系数对我国财政转移支付财力均等化的效应进行评价，结果发现财政转移支付制度不健全是其无法实现财力均等化的重要原因。吴强和李楠（2016）认为一般性转移支付不规定具体用途，专项转移支付需要一定的配套资金，这是导致我国财政转移支付财力均等化效应逐渐减弱的根源所在。郝春虹等（2021）指出，大规模的财政转移支付改变了地方政府财力水平的排列顺序,且财政转移支付向财力落后地区的投入力度有待进一步提高,二者共同构成财政转移支付财力均等化效应不明显的原因。

还有一部分学者认为财政转移支付的财力均等化效应存在差异性。福瑞娜等(Fortuna,2004)基于我国省级数据进行分析,实证结果发现我国一般性转移支付在均衡地区财力方面发挥了积极作用,而税收返还在均衡地区财力方面作用并不显著。马光荣等(2016)认为,一般性转移支付更利于弥补地区财力差距,其财力均等化功能较为突出,而专项转移支付在促进地方经济发展方面更具优势,其均等化地区财力的作用不明显。鲍曙光(2016)根据1993—2011年县级数据,利用收入来源基尼系数分解方法分析我国财政转移支付的财力均等化效果,结果显示专项转移支付的均等化效应不理想,但一般性转移支付和税收返还的均等化效应较强。

在财政转移支付基本公共服务均等化方面,一些学者使用定性方法开展研究。鲍德威等(2004)对日本财政制度的运行效果进行了评价,发现财政转移支付与基本公共服务均等化之间存在有机联系。贝格瓦利(Bergvall)和查伯特(Charbit,2006)认为,财政转移支付作为中央宏观调控的重要手段,对于实现地区间财政能力平衡具有显著作用,能够有效矫正地区公共服务供给差距产生的资源配置负外部性,从而提高地区间基本公共服务均等化水平。埃格(Egger,2010)也表示建立财政转移支付以平衡地区财力为目标,对于改善地区公共服务公平程度进而维持政治稳定发挥重要作用。崔惠玉和孙靖(2010)研究发现,财政转移支付对地方政府财力均衡效应较强,促使基本公共服务均等化水平提高。汤学兵和张启春(2011)认为我国财政转移支付的基本公共服务均等化功效还没有得到充分发挥,财政转移支付价值取向的偏差是影响其均等化功能发挥的根源。贾晓俊等(2015)从财政转移支付的分类和特征出发,从理论逻辑视角分析了不同类型财政转移支付的基本公共服务均等化效应,通过分析发现专项转移支付实现基本公共服务均等化最有效。

一些学者对财政转移支付的基本公共服务均等化效应进行了实证研究。福斯特(Fuest)和休伯(Huber,2006)通过模型推导分析认为,要实现基本公共服务均等化,就应该在信息不对称的情况下进行无条件的专项补助，在信息完全对称的条件下实施定额补助和分类补助。罗森菲尔德（Rosenfeld，2007）对德国财政转移支付模式进行分析，发现德国的基本公共服务均等化指数高达99.5%，这归因于纵向财政转移支付与横向财政转移支付的有机结合。达尔比（Dahlby，2012）基于加拿大的数据，实证分析了财政转移支付对于公共产品供给、公共资金使用效率和社会福利的影响效应。席尔瓦等（Silva，2016）使用欧元支付区2008—2013年的数据，研究认为在保持制度、技术、经济等因素不变的情况下，财政转移支付对公共产品的提供起到了积极作用。缪小林（2017）等实证检验发现，无论一般性转移支付还是专项转移支付，均有利于推进城乡间的基本公共服务均等化。严雅娜（2017）研究发现，财政转移支付的基本公共服务均等化效应在发达地区更为显著，这成为我国基本公共服务非均等化发展的原因之一。官永彬（2019）指出，地方政府竞争加剧了地区间基本公共服务的不均等，财政转移支付作为弥补地区财力差异和激励地方政府行为的制度安排，在实现基本公共服务均等化方面作用明显。

（二）财政转移支付对地方财政行为的影响研究

国内外关于财政转移支付对地方财政行为影响的研究较为丰富，并主要集中于财政转移支付对地方财政支出决策的影响研究与财政转移支付对地方财政收入决策的影响研究两个方面。其中，财政转移支付对地方财政支出决策的影响研究主要聚焦两个维度：一是关于财政转移支付对地方财政支出规模的影响研究，二是关于财政转移支付对地方财政支出结构的影响研究。

在财政转移支付对地方财政支出规模影响的研究方面，国外学界普遍认为财政转移支付造成地方财政支出规模的扩大，并称之为"粘蝇纸效应"。格拉姆利克（Gramlich，1969）最早阐述了"粘蝇纸效应"，他通过实证研究发现，地方财政收入每增加1美元，地方财政支出会增加0.02~0.05美元，而财政转移支付收入每增加1美元却可以使地方财政支出增加0.3美元，二者存在较为明显的差异。此后，奥茨（Oates，1972）基于公共选择理论的财政幻觉模型，发现财政转移支付具有弥补地区间财力差异的作用，但也会激励地方政府扩大财政支出规模，即财政转移支付具有"粘蝇纸效应"，这一观点不仅得到了学者的广泛认同（Levaggi and Zanola，2003；Luara，2013），而且也从实证层面得到验证。德拉（Deller）和马厄（Maher，2005）以美国威斯康星州为例，研究发现"粘蝇纸效应"在美国财政支出中广泛存在，这个比例可以高到80%。卡尼克（Karnik）和拉瓦尼（Lalvani，2008）对印度地方政府的财政支出行为进行研究发现，中央对地方的财政转移支付在地方财政支出领域带来了普遍的"粘蝇纸效应"。

国内学者从"粘蝇纸效应"的存在性与不同类型财政转移支付"粘蝇纸效应"的差异性两个方面进行了实证研究。卢盛峰（2011）认为，一般性转移支付每增加1%，地市级财政支出规模就会随之降低0.03%～0.04%；而专项转移支付每增加1%，地方财政支出规模将扩大0.14%～0.38%。范子英和张军（2013）利用1995—2004年的省级面板数据实证研究发现，专项转移支付在提升地方政府公共产品支出供给水平方面具有明显的优势。宋小宁和葛锐（2014）认为，财政转移支付有效提高了县（市）财政的基本建设支出占比，而专项转移支付的影响并不明显。刘怡和刘维刚（2015）表示，财政转移支付与地方财政支出规模之间显著正相关，地方财政支出规模随着财政转移支付的增加不断扩大，这对于实现地区财力均等化，提高基本公共服务均等化水平都有所裨益。贾晓俊等（2015）研究发现，财政转移支付的"粘蝇纸效应"具有结构异质性，教育一般性拨款提高1%，地方教育支出增加0.25%，而教育专项拨款提高1%，地方教育支出却增加2.09%。王守义（2016）提出，县级财政支出中财政转移支付规模占比越高越能提升基本公共服务供给水平，意味着"粘蝇纸效应"也就越明显。

在财政转移支付对地方财政支出结构影响的研究方面，国内外学者研究发现，财政转移支付不仅导致地方财政支出规模不断扩大，而且引发了财政支出结构偏向问题。斯泰因（Stein，1999）认为，财政转移支付在改善地方财力状况的同时，存在扭曲地方财政支出结构的负效应，使得地方政府的财政支出安排偏向于行政性支出。埃格等（2010）以德国为例，实证检验财政转移支付对地方财政支出结构的影响，结果表明财政转移支付会对地方财政支出结构带来负面影响。也有一些学者持不同的观点，韦恩加斯特（Weingast，2007）认为财政转移支付主要用于可以获得经济利益的公共产品的供给，提高了公共产品的供给水平。此外，也有学者从结构和地域的异质性视角研究财政转移支付与地方财政支出结构的关系。斯诺登（Snoddon）和温（Wen，2003）研究指出，财政转移支付结构变化会对地方财政支出模式产生不同的影响结果。蔡（Cai）和特雷斯曼（Treisman，2006）认为，发达地区财政转移支付的增加会激励地方政府增加生产性支出，在落后地区却激励地方政府的财政支出偏向于消费性支出。

国内学者对财政转移支付与地方财政支出结构关系的研究也取得了一些成果，且聚焦于讨论中国特殊国情下财政转移支付引起地方财政支出结构偏向问题。尹恒和朱虹（2011）基于我国财政转移支付现实情况，认为不合理的财政转移支付会扭曲地方政府的支出行为，形成"重基建、轻民生"的支出结构偏向激励。郭庆旺和贾俊雪（2008）将需求、投入和成本因素引入地方公共服务供给模型，分析发现财政转移支付有利于实现省际医疗卫生服务均等化，但不利于提高公共交通服务均等化水平，对基本教育服务的影响也不显著。付文林和沈坤荣（2012）认为，地方财政支出存在"可替换效应"，即财政转移支付使得落后地区倾向于增加生产性与消费性支出，减少民生性支出。储德银（2020）等通过构建面板分位数回归模型，实证检验均衡性转移支付与地方财政支出结构之间的非线性关系，研究表明当均衡性转移支付占比超过门槛值 0.43 时，继续增加均衡性转移支付将促进地方政府加大生产性支出，抑制民生性公共服务的供给。缪小林和张蓉（2022）使用宏观数据和微观数据匹配的方式进行实证检验发现，均衡性财政转移支付抑制了民生服务支出的占比，降低了居民对基本公共服务均等化充分性的感知。

关于财政转移支付对地方财政收入决策影响的研究主要集中在三个层面：一是财政转移支付抑制地方税收努力，二是财政转移支付激励地方税收努力，三是财政转移支付影响地方税收努力的结构性差异。在财政转移支付抑制地方税收努力的研究方面，格拉姆利克（Gramlich，1997）研究发现，地方税收努力会随着财政转移支付规模的下降而增加，以弥补地方财力的不足。切尼克（Chernick，1979）以及墨菲特（Moffitt，1984）的研究均表明均等化财政转移支付会产生逆向激励，一方面降低地方税收努力，另一方面增加本级财政支出，通过增加财力缺口的形式来获得更多的财政转移支付。佩尔森（Persson）和塔贝里尼（Tabellini，1999）也认为，当地方财政支出一定的情况下，财政转移支付的零成本与地方税收的高成本形成鲜明对比，基于"理性经济人"假设，地方政府存在降低税收努力以获得更多财政转移支付的内在动机。伯德（1999）研究发现，财政转移支付体系打破了财政支出与税收成本的对应关系，这在一定程度上降低了地方税收努力，不利于地方财政收入的增长。

国内学者在财政转移支付抑制地方税收努力方面的研究也进行了有益探索。付文林和沈坤荣（2006）研究发现，为了获得更多的财政转移支付资金，财力净流入的欠发达地区存在降低税收征管力度的激励，即财政转移支付反向作用于地方税收努力。付文林（2010）对主要税种的税负水平与净补助率之间的关系进行研究，认为财政转移支付会抑制地方税收努力。唐沿源（2010）也表示，财政转移支付普遍降低了地方税收努力，地方税收收入水平越高，财政转移支付占地方财政支出的比重越大，地方税收努力下降的幅度也就越大。付文林和赵永辉（2016）基于我国1999—2011年间的省级面板数据，实证考察了财政转移支付对地方税收行为的影响，研究发现总体上财政转移支付抑制了地方税收努力，特别是专项转移支付增加对地方税收征管产生了负向激励。胡洪曙和梅思雨（2021）基于2008—2017年A股上市公司财务数据以及省级数据，实证研究发现财政转移支付为地方政府和企业合谋提供了契机，促使地方政府通过降低税收努力以谋取地方利益。

在财政转移支付增加地方税收努力的研究方面，一些国外学者也开展了部分研究。斯诺登和温（2003）利用加拿大数据开展实证分析，发现财政转移支付对于地方税收努力具有较强的激励效应，增加了地方税收收入。布里特纳（Buettner，2006）基于德国地区城市面板数据，研究发现财政转移支付可以激励地方政府提高税率，增加税收收入，更好地维护地方税收体系的有效性。埃格（2010）认为地区间税收竞争是地区实际税率降低的重要原因，财政转移支付在一定程度上抑制了地区间的税收竞争行为，使得地方税收努力和实际税率有所提高。克里丝（Clist）和莫里西（Morrissey，2011）分析了82个发展中国家的援助贷款、财政转移支付对地方税收努力的影响，研究结果显示，从20世纪80年代开始，财政转移支付会激励地方政府提高税收努力。

一些国内学者还进一步研究了财政转移支付影响地方税收努力的结构性差异。贾俊雪等（2012）系统研究了财政转移支付对于地方税收努力的作用，认为专项转移支付对地方税收努力起到了良好的激励作用，而税收返还和财力性财政转移支付没有发挥地方税收努力激励作用。胡祖铨等（2013）在重新划分了均衡性和专项财政转移支付分组后，也得到相似的研究结论，认为税收返还和均衡性财政转移支付对地方税收努力的影响是负向的，而专项转移支付对地方税收努力的影响是正向的。董艳梅等（2014）基于地区异质性分析得出的结论是，无论是一般性转移支付，还是专项转移支付，抑或是税收返还都对地方税收努力产生正向激励作用。刘怡和刘维刚（2015）则认为，专项转移支付和均衡性财政转移支付与税收努力负相关，税收返还和税收努力正相关。胡洪曙和梅思雨（2021）基于信息不对称视角，实证分析不同类型财政转移支付对地方税收努力的影响。结果表明，一般性转移支付对地方税收努力的影响效应取决于地方生产性公共支出对经济产出的影响程度，而生产性专项转移支付显著抑制了地方税收努力。

（三）财政转移支付对收入差距的影响研究

国外学者关于财政转移支付能否缩小收入差距的研究存在两种不同的观点。一是认为财政转移支付能够有效缩小收入差距。哈丁（Harding，1997）以澳大利亚1982年、1993年和1994年的家计调查数据为研究样本，使用基尼系数分析了财政转移支付前后的收入分配状况，结果表明财政转移支付具有缩小收入差距的功能。基姆（Kim）和兰伯特（Lambert，2009）采用美国住户调查数据开展实证研究，发现美国财政转移支付制度具有收入再分配功能,能够有效调节市场机制引发的初次分配不公。吴等(Wu,2010)通过对美国微观数据的进一步分析也得出了相同的结论,认为财政转移支付在缩小收入差距,加强收入再分配方面发挥作用。坎纳达(Caminada,2012)等通过对20个国家的数据比较分析发现,大部分国家的财政转移支付能够缩小收入分配差距,特别是欧洲福利国家(如比利时、卢森堡)财政转移支付的再分配效果最为显著。

国内部分学者也认为财政转移支付对缩小收入差距具有一定的效果。金双华(2013)利用相关分析方法实证检验了财政转移支付与收入分配之间的关系,结果显示财政转移支付总体上遵循了均等化原则,尤其对农村收入分配公平的作用比较显著。陈思霞和卢洪友(2014)等指出,财政转移支付通过实现基本公共服务均等化,可以缩小居民收入差距。迟诚(2015)运用门槛效应分析方法,实证分析发现当财政转移支付比例低于门槛值0.89时,财政转移支付具有较强的缩小城乡收入差距的效应。何强和董志勇(2015)基于居民幸福最大化视角,分析财政转移支付的收入再分配效应,认为2007年后我国财政转移支付制度在缩小城乡收入差距方面发挥积极作用。岳希明等(2021)使用2013年的CHIP住户调查数据,从实证分析角度估计了44个国家政府转移支付的再分配效率,发现随着经济发展水平的提高,财政转移支付向低收入群体的倾斜程度不断增强。

二是认为财政转移支付扩大了收入差距。古德斯皮德(Goodspeed)和蒂莫西(Timothy,2002)研究发现,中央政府在涉及连任时,会将更多财政转移支付资金投向收益见效快的城市地区,这进一步加剧了城乡收入差距。林德特等(Lindert,2006)以拉美8个国家为主要研究对象,分析发现拉美的社会保障制度更加注重维护高收入群体的利益,并且存在覆盖范围较窄的问题,造成拉美国家财政转移支付的收入再分配效果不佳。伊默沃尔(Immervoll)和理查森(Richardson,2011)通过测度部分OECD国家财政转移支付的再分配效应发现,随着时间的推移,社会保障制度和社会福利支出调节收入分配的作用不明显,使得财政转移支付再分配功能日益削弱。

一些国内学者的研究也表明，财政转移支付会扩大城乡收入差距。雷根强和蔡翔（2012）的研究显示，财政转移支付在调节地区间财政平衡的同时会扩大城乡收入差距，因为地方政府对基础设施建设的支出偏向使得财政转移支付难以有效缩小城乡收入差距。赵玉红（2013）以辽宁省为例，分析发现财政转移支付不但没有缩小居民收入差距，反而存在逆向调节效应。雷根强等（2015）认为，由于存在信息不对称，城镇居民收入在财政转移支付制度中的受益程度高于农村居民，最终财政转移支付产生拉大城乡收入差距的效应，便提出财政转移支付应更多向农村地区倾斜的建议。郭庆旺等（2016）构建UL模型，基于2007年住户调查数据研究发现，我国财政转移支付的总体再分配效果比较显著，但对城市的影响大于农村，进一步加大了城乡收入差距，这是因为农村地区社会保障制度的覆盖范围和保障水平都不及城镇。邢春娜和唐礼智（2019）使用面板数据，结合泰尔指数考察财政转移支付对民族地区与沿海地区人均收入的影响，发现同等规模的财政转移支付在沿海地区的增收效应是民族地区的四倍，这加剧了两地区的收入差距。

三、财政转移支付对相对贫困的影响研究

财政转移支付具有缩小地区间财力差距，确保基本公共服务均等化的功能，因而一直被视为解决贫困问题的有效手段。国内外学者大多基于绝对贫困视角分析财政转移支付的减贫效应，较少从相对贫困视角研究财政转移支付的减贫效果。现有文献中关于财政转移支付影响贫困的研究又可以被细分为两个方面：一是从微观角度开展分析，二是从宏观角度进行解析。

（一）微观角度的研究

学者们从微观角度的研究侧重于某一类财政转移支付项目，以微观家庭调查数据作为研究对象，聚焦于分析城乡家庭低保、农业补助、五保户补助、赈灾款等财政转移支付项目对于家庭（个人）的减贫效应。国外学者关于财政转移支付减贫效应的研究形成了两种截然不同的观点。一种观点认为财政转移支付具有显著的减贫效应，特别是以实现基本公共服务均等化为目标的财政转移支付可以有效减少贫困（Rainwater，1994；Brady，2005；Dimova amd Wolff，2008；Gertler et al，2012）。在不同国别的实证分析中，阿戈斯蒂尼（Agostini）和布朗（Brown，2012）分析了智利财政转移支付项目的减贫效果，研究结果表明财政转移支付中现金补助的形式可以有效降低贫困发生率。阿格瓦尔（Aggarwal，2011）以印度作为研究对象，认为工作补助和食品补助可以有效降低贫困的脆弱性。另一种观点则表示财政转移支付不具备显著的减贫效应。艾罗（Arrow，1970）认为，财政转移支付在短期内有助于减少贫困，但从长期看财政转移支付会抑制地区经济增长，加深贫困程度。斯科夫斯等（Skoufias，2009）以墨西哥的"Oportunidades"项目为例分析财政转移支付项目的减贫效果，结果发现该类财政转移支付项目的瞄准率并不高，整体减贫效应有待于进一步提高。一些学者进一步分析了财政转移支付减贫效应不明显的原因所在，一是不同的财政转移支付项目对劳动供给的激励以及对私人转移支付的"挤出"效应不同（Cox et al，2004；Lal and Sharma，2009），二是财政转移支付没有产生良好的激励效应（Blau and Robins，1986；Ravallion and Chen，2015）。

　　国内学者对于财政转移支付的减贫效应评价也存在明显的差异。部分学者认为财政转移支付发挥显著的减贫效应。都阳和阿尔伯特（Albert，2007）、张川川（2015）均重点关注我国城镇贫困，认为城市公共救助体系的救助效率较高，对于缓解城镇贫困具有积极作用。苏春红和解垩（2015）利用2011年的CHARLS数据实证检验不同财政转移支付项目的减贫效应，研究表明低保、老人补助和特困户补助等项目瞄准性较好，减贫效应较大，而农业补助不利于减贫，甚至会加深贫困程度。宋颜群和解垩（2020）基于不同情境测算不同财政转移支付项目的减贫效应，结果发现瞄准性较高的低保户、五保户和特困户补助具有较强的减贫效应。

　　也有一部分学者认为财政转移支付并未发挥显著的减贫效应。卢现祥和徐俊武（2009）通过构建理论分析框架探究财政转移支付与贫困的关系，通过研究表明财政转移支付对私人转移支付具有一定的"挤出效应"，这不利于解决贫困问题。刘穷志（2010）构建 PSM 模型，结合微观调查数据分析我国财政转移支付的减贫效应，认为财政转移支付减少了家庭的投资和劳动，不利于贫困家庭脱贫致富。王增文（2012）认为，社会救助容易让受助者滋生依赖心理，降低就业的意愿，因此减贫效果并不明显。卢盛峰和卢洪友（2013）认为，政府救助资金未能有效发挥减贫作用。樊丽明和解垩（2014）基于两轮微观调查数据，使用 PSM-DID 方法实证检验公共转移支付影响贫困脆弱性的效应，结果表明公共转移支付减少贫困脆弱性的效果不显著。徐超和李林木（2017）利用 PSM 分析方法，结合 2012 年 CFPS 数据展开研究，认为最低生活保障制度可能会增加微观主体未来陷入贫困的可能性。韩华（2018）为使用农村样本也得到了相同的结论。陈国强等（2018）采用 2010—2014 年的农村 CFPS 数据识别财政转移支付的减贫效应，认为财政转移支付对极端多维贫困的瞄准精度不高，因此在减少极端多维贫困方面效果不佳。

（二）宏观视角研究

在宏观视角下，国外学者基于缩小地区差距与解决地区贫困的财政转移支付功能，并结合宏观数据而非家庭调查数据探究财政转移支付的减贫效应。坎纳达（Caminada）和王（Wang，2011）以 20 个国家为样本进行比较研究，发现大部分国家的财政转移支付能够缩小收入分配差距，进而减少贫困。利辛格（Litschig）与莫里森（Morrison，2013）利用巴西数据，结合断点回归模型实证检验财政转移支付促进地方教育发展和降低贫困发生率的效应，实证分析表明联邦政府的财政转移支付促使地区人均受教育年限提高7%，推动地方贫困发生率下降4%。希金斯（Higgins）和拉斯提格（Lustig，2016）使用 17 个发展中国家的宏观数据，结合财政流动矩阵方法，发现财政转移支付体系具有减贫功能。

国内学者对于财政转移支付的减贫效应研究未得出完全一致的结论。一些研究表明，财政转移支付会加剧贫困状况，即存在与政策目的相反的结果。缪小林（2017）等认为，尽管我国城乡差距表现出缩小趋势，但财政转移支付产生了抑制贫困的效应。任志安和朱康凤（2018）利用我国

1996—2015年省级面板数据，实证检验财政转移支付的减贫效应，结果显示财政转移支付在短期内有利于农村贫困减缓，但从长期看则不利于农村贫困的治理。也有一些学者认为财政转移支付对减少贫困具有一定的正向影响。储德银和赵飞（2013）研究发现，财政转移支付对农村贫困的影响存在非线性门槛效应，当财政转移支付比例低于门限值时，增加转移支付有利于缓解农村贫困。李丹等（2019）以592个国家级贫困开发县为研究对象，使用系统GMM方法进行实证分析，结果显示无论基于收入视角，还是基于支出视角，我国财政转移支付都发挥显著的减贫效应。刘明慧和章润兰（2021）通过构建面板联立方程模型进行实证分析，发现财政转移支付规模的扩大有利于解决相对贫困问题，并进一步探讨了不同类型财政转移支付进行相对贫困治理的差异性。

四、文献评析

综上所述，国内外学者主要从相对贫困相关问题、财政转移支付影响效应以及财政转移支付对相对贫困的影响三个方面进行了较为全面深入的研究，并取得了有益的研究成果，这不仅进一步夯实了该领域的理论基础，而且为后续的创新性研究提供了重要启示与视角。特别是关于财政转移支付的均等化效应，财政转移支付对地方财政收支行为的激励效应以及财政转移支付减贫效应的研究，为后续进一步深入研究财政转移支付影响相对贫困的效应及传导机制提供了借鉴。与此同时，对现有的研究还可以从以下三个方面展开进一步的深入探析。

第一，研究视角有待于进一步拓展。随着2020年我国现行标准下的绝对贫困问题得以根本性解决，贫困治理进入以相对贫困为核心的新阶段。现有文献大多基于绝对贫困视角分析财政转移支付的减贫效应，从相对贫困视角分析财政转移支付减贫效应的研究相对不足，这不利于全方位评价财政转移支付在贫困治理中的效应。此外，现有文献侧重于从微观视角分析财政转移支付对家庭（个人）的减贫效应，而基于中观视角分析财政转移支付影响地区相对贫困的研究较少，这不利于按照"从片区到户"的逻辑构建与规范相对贫困治理的瞄准机制。为此，本书选取省级层面的数据，实证分析财政转移支付影响相对贫困的效应和传导机制，为现阶段有效实施相对贫困治理提供有价值的参考。

第二，财政转移支付影响相对贫困传导路径的研究有待进一步扩展。现有文献侧重于分析财政转移支付对相对贫困的直接影响，而对财政转移支付影响相对贫困传导机制的研究却不够充分，这不利于系统解读财政转移支付的激励机制。鉴于此，本书不仅从理论层面将财政转移支付影响相对贫困的传导机制分解为基本公共服务均等化、地方财政支出结构和地方税收努力，而且从实证层面检验了财政转移支付通过这三种机制影响相对贫困的传导效应，从而对现有研究进行了有益的补充。

第三，研究方法有待于进一步完善。现有文献大多基于微观视角分析某类财政转移支付对家庭（个人）相对贫困的影响，并在相对贫困测度层面使用"相对贫困线"这一单一指标，这与相对贫困的"复合性"特征吻合度较低，不利于提升相对贫困测度的准确性。此外，现有文献通常使用定性分析方法论述财政转移支付在相对贫困治理中的作用，并且大多基于直接路径分析财政转移支付对相对贫困的影响，这不能全面地揭示财政转移支付与相对贫困之间的内在关系及传导机制。为此，本书使用"相对贫困指数"这一复合指标测度相对贫困，并采用中介效应检验模型和面板联立方程模型实证检验财政转移支付影响相对贫困的传导路径和传导效应，为该领域研究方法的运用提供了一种新的思路。

第三节　研究内容与方法

一、研究内容

财政转移支付作为促进基本公共服务均等化的制度设计，对相对贫困治理具有重要意义，而探究相对贫困视角下财政转移支付减贫的实现机制又关系到财政体制改革和共同富裕目标的实现。因此，本书以反贫困理论、公共产品理论、福利经济学理论和财政分权理论为理论基础，基于财政转移支付设计的目的及制度激励，从基本公共服务均等化、地方财政支出结构和地方税收努力三个维度分析财政转移支付影响相对贫困的传导机制，并相应进行了实证检验，在此基础上得出相关研究结论，同时给出具体针对性的政策建议。本书研究内容安排如下：

第一章，绪论。阐述选题背景和选题意义，在对国内外文献进行梳理与评析的基础上，提出本书主要的研究内容以及研究方法，并绘制技术路线图以展示本书的具体内容框架，最后指出本书的创新点和不足之处。

第二章，财政转移支付影响相对贫困的一般性分析。首先，界定了财政转移支付和相对贫困的概念，明确了本书的研究对象；其次，阐述了反贫困理论、公共产品理论、福利经济学理论以及财政分权理论的思想观点，以及对本书论题的指导意义，为本书研究奠定了理论基础；最后，从基本公共服务均等化、地方财政支出结构和地方税收努力三个维度分析了财政转移支付影响相对贫困的传导机制，为实证分析提供理论依据。

第三章，财政转移支付与相对贫困的特征事实。首先，从四个阶段回溯财政转移支付制度演进历程；其次，从纵向的时间维度和横向的空间维度对我国财政转移支付的发展态势进行描述性分析；再次，阐明相对贫困的测量方法和指标；最后，从时序演变与空间分布两个层面对相对贫困状况进行对比性分析。这有利于全面把握我国相对贫困状况，为本书进行财政转移支付影响相对贫困研究提供了现实基础。

第四章，财政转移支付影响相对贫困的机制检验：基本公共服务均等化。首先，构建中介效应检验模型，实证检验财政转移支付通过基本公共服务均等化影响相对贫困的传导路径；其次，进一步检验不同地区与不同财政能力组中财政转移支付通过基本公共服务均等化影响相对贫困的异质性；再次，使用内生性检验、变换样本和变换回归方法三种方式进行稳健性检验；最后，实证检验了财政转移支付通过基本公共服务均等化影响相对贫困的结构性差异。

第五章，财政转移支付影响相对贫困的机制检验：地方财政支出结构。首先，构建面板联立方程模型，实证检验财政转移支付与地方财政支出结构影响相对贫困的传导路径和传导效应；其次，通过对全样本的内生分组，进一步检验财政转移支付通过地方财政支出结构影响相对贫困的地区异质性和财政能力异质性；接着，随后开展稳健性检验；最后，考察了一般性转移支付、专项转移支付通过地方财政支出结构影响相对贫困的结构性差异。

第六章，财政转移支付影响相对贫困的机制检验：地方税收努力。首先，构建面板联立方程模型，实证检验财政转移支付与地方税收努力影响相对贫困的传导路径和传导效应；其次，进行不同地区和不同财政能力下的异质性分析；然后，使用变换样本、变换被解释变量和变换回归方法三种方式进行稳健性检验；接着，探究财政转移支付通过地方税收努力影响相对贫困的结构性差异；最后，考虑到地方税收努力的程度会影响财政转移支付治理相对贫困的质效，构建面板门槛回归模型进行实证检验。

第七章，研究结论与政策建议。将财政转移支付对相对贫困影响机制检验的实证结果进行系统性归纳，并基于问题导向针对性地提出规范财政转移支付以提高其相对贫困治理效率的政策建议。

本书的研究框架如图1-1所示：

二、研究方法

本书在研究财政转移支付影响相对贫困的传导机制和作用路径的过程中，综合运用了文献分析法、比较分析法、描述性统计分析法和实证分析法等研究方法，具体如下：

（一）文献分析法

本书在广泛查阅与财政转移支付、相对贫困相关的文献的基础上，对现有文献进行归纳和总结，明确了财政转移支付与相对贫困的关联性，为构建本书的研究框架，理顺本书的逻辑思路提供了切入点。

（二）比较分析法

在文献综述部分，本书运用比较分析法对国内外相关文献进行梳理，以明确已有研究所做的贡献及存在的不足；在财政转移支付与相对贫困的

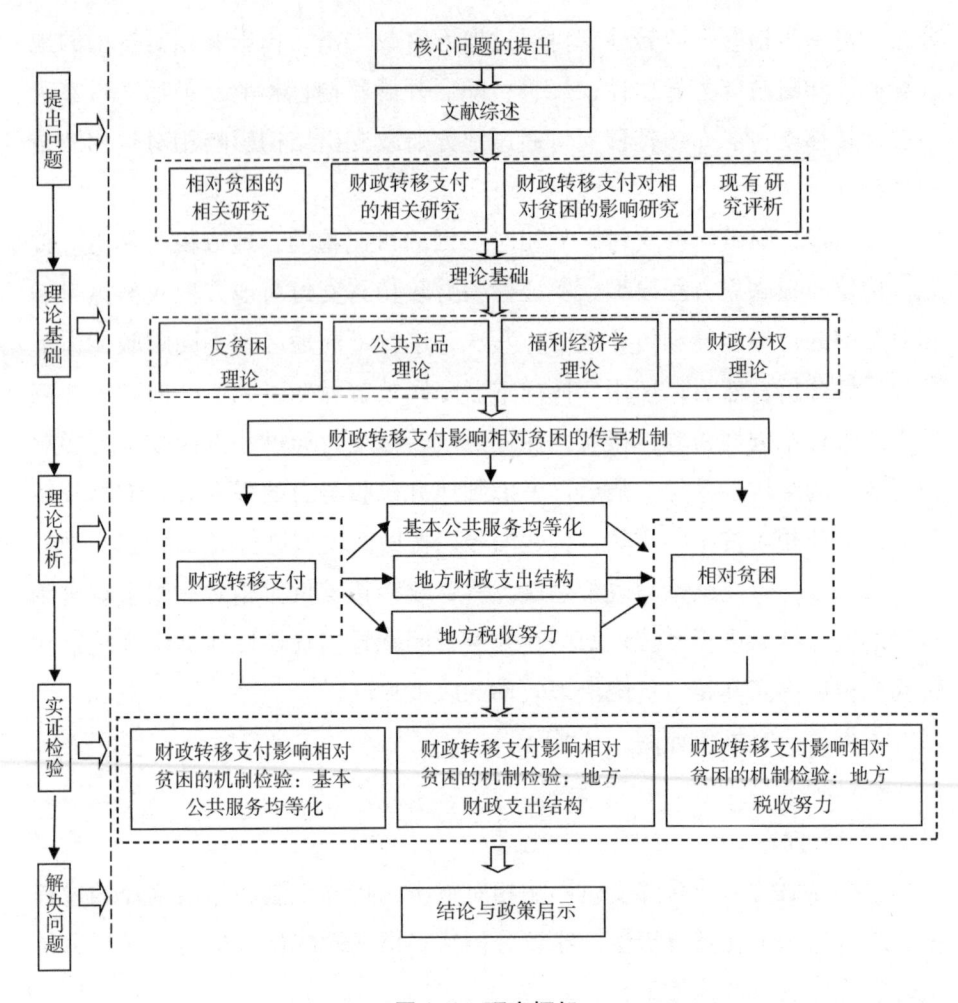

图 1-1 研究框架

特征事实部分，本书从时间和空间两个维度对比分析城乡之间、地区之间的相对贫困状况和财政转移支付分布的特征；在财政转移支付影响相对贫困的机制检验部分，本书进一步采用比较分析法，探索不同类型财政转移支付治理相对贫困的差异性。

（三）描述性统计分析法

基于财政转移支付和相对贫困的中观数据，对财政转移支付与相对贫困的时空分布特征展开了描述性统计分析，为本书研究提供了现实基础。

此外，第四章到第六章的实证分析内容，对每一部分的相关变量均进行了描述性统计分析，以明确数据分布趋势，查找极端异常值，尽可能地保证实证数据的稳定性和可靠性，以提高实证结果的准确性。

（四）实证分析法

首先，基于相对贫困的属性，构建"相对贫困指数"这一复合指标对相对贫困进行测度，为实证分析奠定基础；其次，建立基本公共服务均等化综合评价指标体系，并结合熵值法对我国31省（自治区、直辖市）（以下简称省）的基本公共服务均等化水平进行测度，通过构建中介效应检验模型实证检验财政转移支付通过基本公共服务均等化影响相对贫困的传导效应，并在此基础上进一步开展异质性检验和稳健性检验；再次，使用"税柄法"测度31省的地方税收努力，并构建面板联立方程模型实证检验财政转移支付通过地方财政支出结构、地方税收努力影响相对贫困的传导机制和传导效应；最后，运用面板门槛回归模型对地方税收努力的门槛效应进行检验。本书运用实证分析法一方面检验了理论假设成立的正确性，另一方面为提出相关的政策建议提供了合理依据。

第四节　创新点与不足之处

一、创新点

第一，研究视角的丰富。本书在研究视角方面的创新主要体现在两个层面：一是从"绝对贫困"转向"相对贫困"。虽然贫困一直是国内外学者研究的热点话题，并且在贫困测度、贫困形成机制、减贫政策效应评价和治贫措施等方面已经形成了大量有价值的研究成果，但绝大多数学者侧重于从绝对贫困的视角展开。绝对贫困与"基本需求"相关，随着2020年我国现行标准下绝对贫困问题得到根本性的解决，贫困治理进入以相对贫困为核心的新阶段，如何构建解决相对贫困的长效机制是巩固脱贫成果,满足人民美好生活需要的现实诉求,更是推进全面脱贫与乡村振兴有效衔接,最终实现共同富裕的重要保障。为此,本书基于相对贫困视角展开研究,有利于丰富现有的反贫困理论体系。二是由"微观视角"转向"中观视角"。已有文献侧重于分析某一项财政转移支付对家庭(个人)相对贫困的影响,本书构建省级层面的相对贫困指标,基于"中观视角"探究财政转移支付对相对贫困的影响,这不仅可以对已有研究进行补充,而且也与相对贫困治理的逻辑思路相吻合。

第二,研究内容的拓展。已有文献侧重分析财政转移支付影响绝对贫困的效应,关于财政转移支付治理相对贫困的效应和传导机制的研究相对不足,这不利于精准廓清财政转移支付在相对贫困治理中的功能定位。鉴于此,本书根据反贫困理论、公共产品理论、福利经济学理论和财政分权理论,将财政转移支付影响相对贫困的传导机制归纳为基本公共服务均等化、地方财政支出结构和地方税收努力,并对这三种传导机制进行实证检验。基于研究结论提出针对性的政策建议对于规范财政转移支付制度,构建解决相对贫困的长效机制具有借鉴和参考价值。

第三,研究方法的改进。已有文献大多使用"相对贫困线"这一单一指标对相对贫困进行测度,并注重相对贫困与绝对贫困的差异性分析,但忽视了社会内部相对贫困群体与非相对贫困群体间的收入分配状况,这影响了相对贫困指标测度的质量。为此,本书首先用相对贫困发生率识别相对贫困人群,然后利用相对贫困程度衡量不同群体之间的收入差距,最后使用相对贫困指数(相对贫困程度与相对贫困发生率的乘积)这一复合指标测度相对贫困状况,从而提高了指标测度的准确性。此外,与既有的重点关注财政转移支付影响相对贫困直接机制的研究方法相比,本书基于理论分析,运用中介效应检验模型和面板联立方程模型实证检验了财政转移支付影响相对贫困的直接机制和间接机制,并将这两个方面纳入统一的分析框架,同时进行了相关的内生性检验、异质性检验和稳健性检验。这不仅对全面度量相对贫困提供了一种新的方法,而且对深入解析财政转移支付影响相对贫困的机制有所裨益。

二、不足之处

本书从理论层面阐释了财政转移支付影响相对贫困的传导机制，并运用实证方法进行了验证，这对于建立解决相对贫困的制度保障机制具有一定的参考价值和指导作用。但本书仍然存在两点不足之处：

一是相对贫困的测度方法有待于进一步改进。本书基于中观视角考察财政转移支付作用于相对贫困的传导路径，主要运用省统计局公布的收入分组数据对相对贫困加以测度，囿于部分省份在某些年份并未公布收入分组数据，且城镇和农村的收入分组数据是分开的，由此造成本书实证分析的样本容量不够充分，实证结果的可靠性有待提升。此外，相对贫困应该是一个"复合性""多维性""动态性"的概念，鉴于数据的可得性以及测度方法的局限性，本书构建的相对贫困测度指标仅在一定程度上满足"复合性"的标准，这可能导致测度结果与实际状况之间存在某些误差。在后续研究中，将根据相对贫困的内涵进一步改进相对贫困的测度方法，降低收入分组数据对相对贫困测度的制约性，进而提高实证结果的可靠性。

二是研究内容有待于进一步延伸。本书主要分析财政转移支付影响相对贫困的中观机制，并使用中介效应检验模型和面板联立方程模型加以实证检验，对财政转移支付通过微观机制[①]影响相对贫困的研究相对不足，这不利于全面阐释财政转移支付与相对贫困的内在逻辑关联。为此，今后相关研究应在充分考虑财政转移支付影响相对贫困中观机制的基础上，进一步分析和检验财政转移支付影响相对贫困的微观机制，并将中观、微观机制纳入统一的分析框架，并结合实证模型（如分层线性模型 HLM）加以验证，从而系统性地解析财政转移支付对相对贫困的影响作用，以期更有效地指导相对贫困治理实践。

---

① 此处的微观机制可以理解为财政转移支付项目通过提高收入，降低生活成本，加速人力资本积累等路径作用于家庭（个人）的相对贫困。

第二章

财政转移支付影响相对贫困的一般性分析

本章首先对财政转移支付、相对贫困的内涵进行界定，以明确本书的逻辑起点；然后阐释反贫困理论、公共产品理论、福利经济学理论以及财政分权理论的内容，为本书研究提供理论支撑；最后论析财政转移支付影响相对贫困的传导机制，厘清二者之间的传导关系，为实证分析提供理论依据。

第一节 概念界定

一、财政转移支付

1928年英国经济学家庇古（Pigou）在其著作《财政学研究》中最先提出转移支付的概念，他认为国家经费包括消费性经费和转移经费。随后，联合国将转移支付正式定义为：现金或实物所有权由一方向另一方的无偿转移。财政学吸收了经济学中转移支付的概念，并根据主体的不同将转移支付进一步分为两类：一是政府对个人或企业的转移支付，也称为转移性支出；二是政府间的转移支付，也称为财政转移支付。目前学术界关于财政转移支付的定义已达成共识，指财政资金在不同政府主体之间单方面、无偿地转移（王鹏，2012；王玮，2013）。广义的财政转移支付包括纵向转移支付和横向转移支付两种形式，其中纵向转移支付是指财政资金在上下级政府之间的转移，而横向转移支付指同级政府间的资金转移。在各国实践过程中,上级政府对下级政府的财政转移支付是最为常见的形式,也是一种狭义的财政转移支付概念。本书所界定的财政转移支付基于狭义的角度,指中央政府对地方政府的财政转移支付。

目前,我国财政转移支付的形式主要包括一般性转移支付和专项转移支付[①]。一般性转移支付是指中央政府安排给地方政府的不限定资金使用范围和方向,也不提出具体的使用要求,资金所有权归属于地方政府的财政转移支付形式。一般性转移支付包括均衡性转移支付、基本养老金转移支付、老少边穷地区转移支付、城乡居民医疗保险转移支付等类型。一般性转移支付具有激励地方政府发挥其了解辖区居民公共服务的实际需求,因地制宜地统筹安排地方财政支出,最大限度地提高地方基本公共服务均等化水平的优势。但是我国一般性转移支付构成项目过多,均衡性转移支付规模有限,且其他子项目大多并不采用公式法进行资金分配,导致一般性转移支付均等化功能的发挥受限。此外,一般性转移支付在资金使用上没有具体规定,在政绩考核制度下,地方政府官员更容易将财政资金投向能带来直接经济收益的生产性领域,这进一步限制了一般性转移支付均等化功能的发挥(肖育才、谢芬,2021)。专项转移支付是中央政府对地方政府附加条件的财政拨款形式,按照附加条件的不同,又可以分为基于投入的专项转移支付和基于结果的专项转移支付。在基于投入的专项转移支付方式下,中央政府通常制定资金用途,地方政府必须按用途使用。在基于结果的专项转移支付方式下,中央政府在拨款时往往会对地方政府提供的某种特定公共产品和服务的最终结果提出要求。专项转移支付因为规定了资金用途,所以能更好地体现中央政府的意图,又不会混淆地方政府在不同公共产品和服务项目之间的选择,避免了在目标支出领域中无效率的资源配置,但专项转移支付仍然在一定程度上存在项目零散、规范化程度低、部分项目需要配套资金等问题,这些会影响专项转移支付资金的使用效率。

---

① 税收返还的设置是适合当时国情的客观需要,减少改革阻力的策略性选择,返还类收入不形成中央的可支配收入,表面看是中央对地方的补助,实质上是中央与地方收入分享的特殊形式,因此税收返还不属于财政转移支付的形式。

二、相对贫困

相对贫困概念的界定是构建相对贫困理论大厦的基石，也是探索相对贫困成因、相对贫困治理的逻辑起点，相对贫困的科学界定建立在对绝对贫困与相对贫困、收入不平等与相对贫困这两对概念辨析的基础之上。

（一）绝对贫困与相对贫困

绝对贫困与相对贫困是一组相对概念，无论是基于不同的贫困状态，还是不同的视角，二者都包含了一个共同的内核——"贫困"。通过对贫困概念演进的回溯发现，学术界对贫困的理解经历了一个从现象到本质的过程。贫困的表象是收入不足造成的物质缺乏，因此经济学视角下的贫困概念是人们对贫困的最初认识。然而，随着社会的发展，人们对贫困概念的认知也在不断深化，在实践过程中，人们渐渐发现收入状况的改善并不能让所有人脱离贫困状态，社会资源、基本可行能力和基本权利的不足和缺失都可以成为贫困形成的推动力，因而贫困研究视角逐渐延伸到社会学、发展学、政治学领域，即学术界分别从经济学、社会学、发展学、政治学四大类学科视角对贫困内涵加以诠释。经济学视角下，贫困被解读为没有足够的收入去满足衣、食、住、行的基本需求，建议使用收入支持政策进行贫困治理；发展学视角下，对贫困的理解突破了用收入定义贫困的局限性，认为收入只是贫困识别的手段和工具，贫困产生的根源在于以教育、健康、就业、社会保障反映的基本可行能力的缺失，因此从多维度促进可行能力的提升是贫困治理的核心内容；社会学视角下，贫困被理解为"社会剥夺"，即老弱病残等社会弱势群体被排斥在公平分享社会资源、平等参与社会事务和活动之外，社会包容政策是反贫困政策的关键；政治学视角下，贫困被看作政治问题，贫困是由生产、交易、流动这些基本权利缺失所致，赋予公民平等的权利是解决贫困问题的根本途径（王小林，2012）。

绝对贫困最初从"生计维持"出发研究贫困标准，并逐步建立起绝对贫困的基本理论。朗特里（Rowntree，1902）按照"获得维持体力的最低需要"的预算标准法确定了英国约克市的货币标准贫困线,布斯(Booth,1902)根据收入是否可以满足基本生存,将困难人群划分为穷人和很穷的人,开启了经济学视角下以生计调查来描述绝对贫困的先河。20世纪中期,考虑到贫困者的发展需求,学者开始使用"基本需求法"测度绝对贫困,即先明确保障个人基本生存所需的物品种类和数量,再将实物折算成货币量作为绝对贫困线。在早期研究中,基本需求仅仅包括食物、衣着、住房和医疗,随着研究的深入,部分学者认为基本需求还应该包括教育、卫生厕所、健康保健、文化设施等内容,囿于贫困测量方法研究的滞后,实践过程中只能将非食物基本需要简单折算为货币量来制定绝对贫困标准。"基本需求"虽然并未超越"生理需求"的范式,但它满足了个体主义的贫困理念,同时又平衡了集体主义的贫困观,因此受到国际组织的欢迎(杨立雄,2021)。世界银行将维持最低生活标准的收入或支出水平设置为绝对贫困线,2008年全球绝对贫困线标准设定为日均1.25美元,2015年调整为日均1.9美元[1]。我国国家统计局也基于基本需求法确定绝对贫困标准,1978年至今先后采用过三个标准[2],并于2020年历史性地解决了绝对贫困问题。基于以上分析,绝对贫困的内涵可以解释为收入不足以满足基本需求的状况,这一定义属于经济学视角下的贫困概念,用维持基本需求的物质标准加以衡量,使其具有客观性和阶段性的特征。

20世纪中后期,随着福利国家的建设,西方进入"丰裕社会",使用客观物质性标准界定的绝对贫困基本消除。在这一背景下,贫困认定标准逐渐转变为相对贫困标准,即以特定社会在特定时间普遍接受的生活水平视角去看待贫困。加尔布雷斯(Galbraith,1958)提出,一个人是否被判定为相对贫困,需要以他人的生活水平作为参照物,不能仅仅考察个人收入水平。汤森(1979)从资源分配角度最早界定了相对贫困,认为相对贫困不仅仅是基本生活必需品的缺乏,更是各种社会资源的不足,因为一部

---

[1] 世界银行. 贫困与对策:1992年减缓贫困手册[M]. 陈胜华,等译. 北京:经济管理出版社,1996.
[2] 三个标准分别是:1978年的每人每年100元,2008年的每人每年1196元以及2010年的2300元。

分人缺少这些资源，使其无法获得参与正常社会活动的机会，而处于一种相对被剥削的贫困状态。阿玛蒂亚·森（1983）则从权利体系和可行能力出发，进一步从权利剥夺视角丰富了相对贫困的内涵，将家庭（个人）享有权利的被剥夺视为相对贫困状态。钱伯（Chamber, 1995）将脆弱性与无话语权的概念引入贫困理论，认为相对贫困不仅包括物质层面的被剥夺，也包括制度层面的被剥夺，而脆弱与无话语权是这些剥夺产生的根源，使得贫困群体无法享有正常的经济、资源和权利等。资源、能力、权利、脆弱性等概念的引入，标志着对贫困的理解已由最初经济学视角拓展到社会学、发展学和政治学视角，并且这一概念为欧盟和OECD国家所广泛接纳，都使用平均收入或中等收入的恒定比例（50%或60%）设定相对贫困线。从以上分析可以看出，相对贫困突破了经济学视角下"基本需求"的贫困定义，从新的视角——"社会、发展、政治"层面重新界定贫困。随着时代的变化，人们的生活标准会发生变化，建立在社会平均生活水平基础之上的相对贫困标准也会发生变化，这意味着相对贫困具有"相对性""长期性"，与绝对贫困的"绝对性""阶段性"具有本质差异。

通过绝对贫困与相对贫困的概念辨析，可以将相对贫困理解为家庭（个人）所拥有的资源不能达到社会平均生活水平标准，而处于一种相对被剥削的贫困状态。相较于绝对贫困，相对贫困具有三个属性：一是相对性。相对贫困是不同群体之间的比较，且相对贫困的衡量标准随着生活标准的变化而变化。二是多元性。相对贫困不仅表现为基本需求的缺失，而且也表现为各种资源、能力和权利的被剥夺。三是长期性。相对贫困的相对性和多元性决定了相对贫困是长期存在的，只要有阶级和财富存在，总有一部分群体处于相对贫困的状态中。

（二）收入不平等与相对贫困

部分学者认为相对贫困产生的根源在于分配不公，因此将相对贫困等同于收入不平等。李永友和沈坤荣（2007）认为相对贫困往往只与社会的收入和财富分配有关，社会群体之间收入和财富分配不公就会引发相对贫困问题；高强和孔祥智（2020）也认为相对贫困与财富、收入在不同阶层间的分配有关；杨力超和罗伯特·沃克（Robert Walker，2020）则直接将财富、收入在不同阶层和群体之间的分配状况定义为相对贫困。将相对贫困理解为收入不平等有其合理性，OECD 国家的数据显示相对贫困与收入不平等之间存在显著的正向变动关系，相对贫困状况随着收入不平等差距的拉大而逐渐恶化（杨立雄，2021）。但是相对贫困与收入不平等之间并非完全的对应关系。收入不平等的测度（如基尼系数）超越了具体生活场景和物品，将收入分布情况用洛伦茨曲线表示，并通过这条曲线去计算不同群体之间的收入差距，强调的是"收入"以及"相对性"，并不关注隐藏在收入背后的财产、土地、能力、权利以及其他变量的差异性。而相对贫困的内核是"贫困"，随着社会的发展，对于"贫困"的理解会超越"基本需求"的范畴，但在不平等的社会中始终会有人处于一种不足以维持体面生活的状态之中，比如被排斥在福利制度之外，没有机会参与经济活动等，对这部分人的甄别才是相对贫困测度的根本所在。若只强调"相对性"，忽视"贫困"，就会出现"经济衰退、生活水平全面下降，相对贫困可能不会增加，而经济快速增长、生活水平全面提升，相对贫困可能反而增长"的情境。因此，收入不平等和相对贫困在"相对性"上具有共性，但二者在本质上存在根本性的差异，相对贫困更强调"贫困"这一内核，关注对相对贫困群体的识别，且相对贫困是一个多维的概念，收入不平等只是相对贫困形成的一个重要因素。

对"绝对贫困与相对贫困""收入不平等与相对贫困"这两组概念的辨析为准确理解相对贫困的内涵提供了基本遵循。尽管现阶段对相对贫困概念的认识还没有达成统一，但本书认为界定相对贫困的概念需要把握三个基本点：一是相对贫困是一个复合概念，即相对贫困概念的界定既要基于"贫困"这一内核，又要紧扣群体对比的"相对性"；二是相对贫困是一个多维概念，相对贫困的判定标准是一个包括收入、资源、能力、权利等要素在内的多维指标体系；三是相对贫困是一个动态概念，相对贫困的概念和评价标准不是一成不变的，而是随着经济发展和生活标准的变动而变动。

第二节 理论基础

本节通过阐述反贫困理论、公共产品理论、福利经济学理论以及财政分权理论的相关内容,为厘清财政转移支付影响相对贫困的传导机制提供理论基础。

一、反贫困理论

(一) 马克思的反贫困理论

马克思反贫困理论的思想结晶集中体现在1867年出版的《资本论》中,其核心要义是从制度层面剖析贫困产生的原因并探索反贫困的路径。该理论认为资本主义生产方式是造成无产阶级贫困的根源,资本主义生产方式的本质是私人占有生产资料,以资本雇佣劳动为核心,通过操控无产阶级的劳动过程,使其深陷四种贫困之中。一是无产阶级没有生产经营决定权和剩余索取权,在经济权利上贫困;二是无产阶级的生产能力受到抑制,在能力上贫困;三是无产阶级的生产条件恶劣,在健康和福利上贫困;四是无产阶级长期从事单调刻板的工作,在精神上贫困。此外,在雇佣劳动过程中,资产阶级实现了资本的原始积累并进一步扩大再生产,无产阶级队伍也在这一过程中不断壮大,并在日益扩大的生产规模中成为相对过剩人口[①],涌现了大量的失业人员,促使无产阶级进一步听任资本的摆布,最终陷入贫困的恶性循环之中。因此,资本主义生产方式的结果必然是财富归集于少数群体手中与大多数人贫困落后的并存。基于此,马克思认为无产阶级贫困的根源在于私有制基础上的资本主义制度本身,要改变无产阶级贫困的命运并消除贫困,必须通过和平或暴力手段实现社会生

---

① 中共中央马克思恩格斯列宁斯大林著作编译局. 马克思恩格斯文集:第5卷[M]. 北京:人民出版社,2009.

产资料的共同管理,用生产资料公有制取代私有制,推翻资产阶级统治,建立社会主义制度。

(二)"发展经济学"的反贫困理论

20世纪中期,世界反贫困研究的指向出现了变动,关注点逐渐从发达资本主义国家转向发展中国家,这一时期一些经济学家基于发展经济学视角,为解决发展中国家的贫困问题开出"药方",形成了一系列反贫困理论,其中有代表性的包括"贫困恶性循环"理论、"低水平均衡陷阱"理论、"临界最小努力"理论和"循环积累因果关系"理论。

1953年,美国经济学家罗格纳·纳克斯(Ragnar Nurkse)在其著作《不发达国家的资本形成问题》一书中提出了贫困恶性循环理论,认为资本匮乏是发展中国家长期陷于贫困的关键因素。发展中国家人均收入较低,可用于消费和储蓄的部分较少,从而造成资本形成不足,生产规模难以扩大,劳动生产率难以提高,收入进一步减少,最终陷入"低收入→低消费/低储蓄→低资本形成→低生产率→低收入"的贫困恶性循环之中。要打破这种循环,必须实施全面增长的投资计划,并激励工业部门之间相互投资,促使资本尽快形成[1]。1956年美国经济学家纳尔森(Nelson)发表了《不发达国家的一种低水平均衡陷阱理论》一文,研究发展中国家人均收入增长与人均资本、人口增长、产出增长之间的关系。认为发展中国家人口的过快增长是阻碍人均收入迅速提高的"陷阱",只有进行大规模的资本投资,并使其增长速度超过人口增长的速度,才能跳出"低收入陷阱"[2]。1957年,美国经济学家莱宾斯坦(Leibenstein)在总结纳尔森与纳克斯学说的基础上提出了临界最小努力理论。其核心观点是发展中国家必须提高投资率,保证国民收入增长率超过人口增长率,通过"临界最小努

---

[1] 〔美〕纳克斯.不发达国家的资本形成问题[M].谨斋,译.北京:商务印书馆,1966:1.
[2] NELSON R R. A Theory of The Low-Level Equilibrium Trap in Underdeveloped Economies [J]. The American Economic Review, 1956, 46 (5): 894-908.

力"使国民经济摆脱极度贫困的困境①。1957年缪尔达尔（Myrdal）运用动态非均衡和结构主义分析方法研究发展中国家的地区贫困问题，认为社会发展是一个动态过程，推动社会发展的各种经济因素之间存在极其复杂的因果关系，而市场的作用一般倾向于加强而非削弱地区间的不平衡，当某些地区由于初始禀赋优势超前于其他地区的发展时，这种发展优势将保持下去，要改变贫困地区的状况，实现区域经济协调发展，需要政府进行有效干预②。

（三）"人力资本"反贫困理论

"发展经济学"的反贫困理论将发展中国家贫困产生的原因一致性地概括为物质资本匮乏，认为增加投资，促进经济发展是解决贫困问题的主要工具。然而，许多国家在通过增加投资刺激经济发展时，并未带来产出的快速提升，对于缓解贫困的作用也不明显。为此，舒尔茨（Schults）最先突破了传统理论中将资本解读为物质资本的束缚，将资本细分为物质资本和人力资本，认为致贫的根本原因不在于物质资本的匮乏，而在于以劳动者身上所具备的健康、知识、素质和技能体现的人力资本的缺失，并指出教育投资是人力资本形成的关键性途径，由此开辟了贫困研究的新思路③。阿玛蒂亚·森（Sen）在舒尔茨理论的基础上发展了"人力资本"反贫困理论，在《贫困与饥荒》中进一步提出了"赋权"反贫困理论，指出贫困的根源在于权利的匮乏，特定群体因为没有享有充分的食物权利才陷入贫困，而摆脱贫困的首要方法在于保证贫困群体获得充分的食物权利，进而他主张通过制度革新，设立能够让穷人享有公平与自由、参与决策，以及获取基本生活所需的医疗、教育和公共服务的权利。"人力资本"反贫困理论将反贫困的重点聚焦于贫困者自身，而不是收入、经济发展、

---

① LEIBENSTEIN H. Economic Backwardness and Economic Growth [J]. The Economic Journal, 1957, 69 (274): 344.
② MYRDAL G. Economic Theory and Under-Developed Regions [M]. London: Duckworth, 1957.
③ 舒尔茨. 人力资本投资 [M]. 北京: 商务印书馆, 1984.

投资等因素，并且把享有教育、健康、公平权利视为解决贫困问题的根本之道，成为反贫困理论发展的重要里程碑①。

(四)"社会资本"反贫困理论

人是处于一定社会关系中的个体，探讨贫困产生的根源自然不能忽略个人或家庭所处的社会环境以及面对的社会不利因素。一些学者从社会学的视角将社会资本定义为：个人或组织在社会结构中长期相处、联系和合作所形成的一种相对依存、相对信任的关系，社会网络、权威、互利性规范、社会道德和行动共识是社会资本的具体表现形式②。社会资本层面的致贫根源主要包括三个方面：一是个人拥有社会资源的多寡会影响其社会地位，而社会地位决定了社会资源的分配，在社会资源和社会地位相互作用下，社会分裂为弱势群体和强势群体，强势群体对弱势群体的排斥是贫困产生的直接原因之一。二是社会资本的外部性意味着社会网络越大越能够实现信息共享，风险共担，减少交易成本和机会主义行为（Grootaert，1997；Collier，1998），最终实现家庭（个人）收入的增长（Robison and Siles，1999）。然而，穷人的社会网络通常较小，与外界的联系较少，失去了从社会获得各种信息的渠道和机会，社会资本的匮乏使穷人被排斥在公平获得公共资源、获得基本公共服务与参与正常社会活动之外，从而加深了贫困程度。三是家庭背景是个人成长的重要社会资源，家庭支持型社会资本通过贫困文化的代际传递对家庭贫困状况产生影响，值得关注的是，贫困文化在形成之后就很难被打破（尹飞霄，2013）。"社会资本"反贫困理论从社会福利制度、家庭和社区制度层面分析了贫困产生的原因，建议通过从一国或一个地区的政治、经济、文化和社会制度的"顶层设计"来解决贫困问题，该理论是人类对贫困现象认识的一次重要升华。

通过对反贫困理论的梳理可知，贫困形成的原因具有多样性，物质资本缺失带来的收入低下只是贫困发生的表象，制度漏洞、能力缺失、权利

---

① 阿马蒂亚·森. 贫困与饥荒 [M]. 北京：商务印书馆，2004.
② 吴光芸. 社会资本投资：区域经济发展的新动力 [J]. 科学社会主义，2007 (5): 102.

不对等才是贫困乃至相对贫困产生的根源。因此，仅仅依靠市场调节无法有效解决贫困问题，政府干预是贫困治理的必然选择。财政转移支付作为实现基本公共服务均等化的重要手段，对于实现个人权利均等、弥补个人能力缺失和填补社会制度漏洞具有重要的作用，成为反贫困战略的基础性制度安排。因此，在我国不断推进共同富裕的情境下，反贫困理论对于明确相对贫困的形成机制，探索相对贫困治理路径，指导我国建立解决相对贫困的长效机制提供了重要的理论依据。

二、公共产品理论

公共产品理论是西方财政理论的核心。1954年美国经济学家萨缪尔森（Samuelson）在《公共支出的纯理论》中首次提出公共产品概念，并借助数学工具明确划分私人产品与公共产品。他将公共产品定义为个人对该种产品的消费不会影响其他人对这种产品的消费数量，私人产品定义为个人按照竞争价格享用的产品[1]。但1955年萨缪尔森在《公共支出理论图解》中改变了严格的"公共产品—私人产品"二分法，他承认大部分的公共产品都介于纯公共产品和私人产品之间，都存在某些"收益上的可变因素，使得某个市民以其他成员的损失为代价而收益"[2]，尽管萨缪尔森关于公共产品的界定有所变化，但非竞争性这一公共产品的基本属性被明确提出。萨缪尔森还引入序数效用论、无差异曲线等数学工具，构建纯公共产品模型，得到公共产品定价原则为个人价格总和等于边际成本。除此之外，萨缪尔森还提出了公共产品最优供给的"萨缪尔森条件"：消费者对私人产品和公共产品的边际替代率之和等于私人产品和公共产品生产的边际转换率。然而，在市场配置资源的过程中，往往会出现价格机制失真和信号机制失真问题，并且"理性经济人"总是倾向于掩盖自己对公共产品的真实需求，使得"萨缪尔森条件"难以实现，这意味着在公共产品供给

---

[1] SAMUELSON P A. The Pure Theory of Public Expenditure [J]. The Review of Economics and Statistics, 1954, 36 (4): 387-389.

[2] SAMUELSON P A. Diagrammatic Exposition of a Theory of Public Expenditure [J]. The Review of Economics and Statistics, 1955, 37 (4): 350-356.

问题上，市场机制进行资源配置是无效的，政府应该成为公共产品的主要配置者。

受萨缪尔森的启发，1959 年马斯格雷夫（Musgrave）从公共产品的关联性角度，在非竞争性的基础上提出了非排他性，在《公共财政理论》一书中明确界定公共产品的两个基本属性：消费上的非竞争性和非排他性[1]。其中，非竞争性是指消费者的增加不引起生产成本的增加，即提供公共产品的边际成本为零；非排他性是指个人在享受公共产品带来的利益的同时不能排除其他人从公共产品中获得利益。马斯格雷夫还在萨缪尔森的产品分类基础上提出产品三分法，认为在公共产品和私人产品之间应该还包含一种政府强制个人消费的"有益品"。此外，马斯格雷夫也讨论了公共产品的有效供给问题，他改进萨缪尔森的预算模型，以给定的收入分配为基础，通过投票这一政治过程显示消费者对公共产品的偏好，将公共产品的有效供给与政治过程、分配公平相结合。继萨缪尔森和马斯格雷夫之后，1965 年布坎南（Buchanan）在《俱乐部的经济理论》一文中创造性地提出"俱乐部产品"概念，他将俱乐部产品定义为"一些人能消费，而另外一些人被排除在外的产品"，是介于纯公共产品和私人产品之间的"准公共产品"[2]。此外，布坎南还使用成本收益分析框架解决俱乐部的最优规模和成员对俱乐部产品最优消费问题，他表示因为存在交易成本，公共选择方式应根据最低交易成本原则来决定。

公共产品理论从定义私人产品、准公共产品和纯公共产品出发，阐明了市场与政府的职责范围及分界线。公共产品的非竞争性决定了对公共产品的消费是普遍需要的，而公共产品的非排他性又决定了公共产品消费的成本弥补是困难的，这意味着通过市场机制进行公共产品供给是无效的，市场在公共资源配置上存在"失灵"，政府的介入是保障公共产品有效供给的重要手段。相对贫困是资源、可行能力、权利相对被剥削的状况，具体表现为贫困群体在教育、医疗、社会保障和就业等基本公共服务上的非

---

[1] MUSGRAVE R A. The Theory of Public Finance: A Study in Public Economics [J]. Journal of Political Economy, 1959, 99 (1): 213.

[2] BUCHANAN J M. An Economic Theory of Clubs [J]. Economica, 1965, 32 (125): 1-14.

均等化。基本公共服务属于公共产品的范畴，具有明显的非排他性和非竞争性，保障公共产品供给，推进基本公共服务均等化是政府的重要职责。财政转移支付以实现基本公共服务均等化为目标导向，在确保全体公民公平享受教育、医疗、社会保障等民生福祉，保障贫困群体的发展权利，缩小社会群体发展差距等方面具有优势，成为政府强化基本公共服务财力保障，推进相对贫困治理的重要手段。基于此，公共产品理论成为连接财政转移支付与相对贫困的纽带和桥梁，为本书论题的提出奠定了理论基础。

三、福利经济学理论

福利经济学从福利观点或最大化原则出发，理性考察不同经济状态下社会福利的变动，用于评价现实经济制度或经济政策是否适宜，并致力于彻底解决贫困问题。边沁（Bentham）的功利主义原则是福利经济学的哲学基础，庇古（Pigou）在此基础上构建了福利经济学体系，认为社会经济福利在很大程度上取决于国民收入的总量以及国民收入在社会成员间分配的均等化程度，通过增加社会经济福利可以扩大国民收入总量，或者在国民收入规模不变的情况下提高收入分配均等化水平。其中，通过改善收入分配增加社会经济福利的相关机理如图2-1所示[①]。

庇古将福利区分为个人福利和社会福利，认为社会福利是个人福利的加总。假设社会中只有 X_1 和 X_2 两个人，各自的效用函数相同，且均取决于个人收入。图2-1中，横轴 OO^* 表示国民收入总量，O 点向右的距离表示 X_1 的收入，距离 O 点越远表示 X_1 的收入越多，O^* 点向左的距离表示 X_2 的收入，距离 O^* 点越远表示 X_2 的收入越多，OO^* 上任意一点都代表了 X_1 和 X_2 的收入分配状况。X_1 的收入边际效用以 O 点向上的距离表示，根据边际效用递减规律，X_1 的收入边际效用曲线用一条向右下方倾斜的直线表示，记为 MU_{X_1}；X_2 的收入边际效用以 O^* 点向上的距离表示，其收入边际效用曲线用一条向左下方倾斜的直线表示，记为 MU_{X_2}。因为 X_1 和 X_2 具

[①] 谢鹏. 土地财政对居民收入分配的影响机制研究［D］. 武汉：中南财经政法大学，2019.

<<< 第二章　财政转移支付影响相对贫困的一般性分析

有相同的效用函数，所以 MU_{X_1} 和 MU_{X_2} 曲线是完全一致的，只是方向相反。最初收入分配状况位于点 A，意味着 X_1 的收入为 OA，X_2 的收入为 O^*A，假定把 AB 数量的收入从 X_2 转移给 X_1，此时 X_1 的效用将增加 ABEF，而 X_2 的效用将减少 ABCD，两人效用之和增加了 CDEF，这代表着社会总福利得到增加。因此，只要收入分配不均等，通过从高收入者向低收入者转移收入就可以增加社会福利，当社会收入分配位于点 I^* 时，即收入分配处于均等状态时，社会福利才能达到最大化。

图 2-1　最优收入分配模型

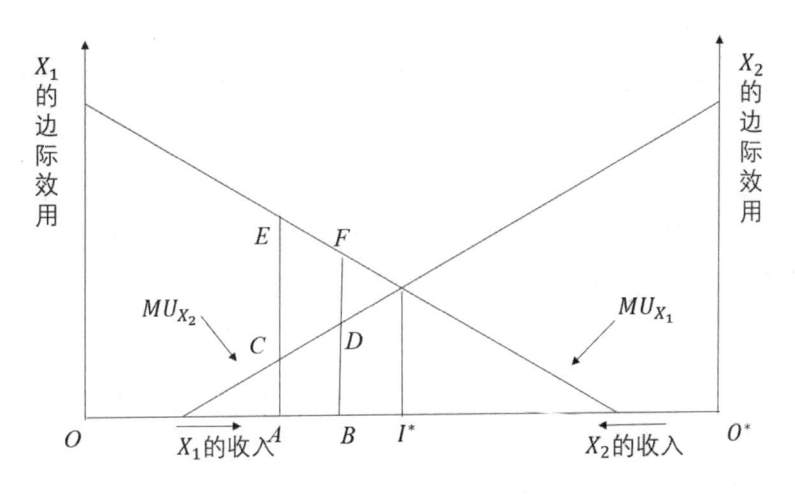

通过图 2-1 最优收入分配模型可知，社会福利受收入分配均等化程度的影响，当把富人的部分收入转移给穷人时，穷人效用的增加远远高于富人效用的减少，有利于实现社会福利最大化。财政转移支付以政府间财力能力差异为出发点，将中央或上级政府的收入再转移分配给财力能力弱的地区，实际上是将富裕地区的收入转移到贫困地区，这可以增加贫困地区居民的效用，缩小地区间差距，助力于地区相对贫困治理。此外，1971 年罗尔斯（Rawls）通过构建社会福利函数进一步提出，一个社会的福利水平只取决于社会效用最低的那部分人的福利水平，如果境遇最差的那部分人的福利水平没有得到提高，那么社会整体福利水平就不会提升[1]。基于

---

[1]　RAWLS J. A Theory of Justice [M]. Brighton：Harvard University Press，1971.

以上分析发现，提高社会整体福利水平的最佳方法在于尽可能地提升社会上境遇最差的那部分人的福利水平，这进一步阐明了相对贫困治理的重要性。通过财政转移支付缩小地方财政能力差异，推进基本公共服务均等化，增加贫困群体的收入和基本公共服务的消费能力，这符合建立解决相对贫困长效机制的内在要求，由此可见，福利经济学理论可作为本书研究的理论依据。

四、财政分权理论

财政分权理论是在补充和完善新古典经济学理论的基础上发展起来的，该理论的发展演变大致经历了两个阶段：第一代财政分权理论和第二代财政分权理论，前者致力于从解决公共产品的最优化供给这一核心问题中论证地方政府存在的合理性，后者将激励相容与机制设计学说引入财政分权理论，强调通过构建有效政府以实现政府官员利益与地方居民福利之间的激励相容。

1956年蒂布特（Tiebout）发表经典文章《地方支出的纯理论》，标志着第一代财政分权理论的产生。该理论基于严格的假设条件构建地方政府有效提供公共产品和服务的模型，其核心思想是为了实现效用最大化，个人会选择公共服务与税收搭配最佳的区域居住，而区域间的相互模仿和相互学习最终促使居民通过"用脚投票"的迁移方式实现社会福利的最大化。换言之，个人在地方管辖区域之间的移动以及地方辖区政府之间的竞争产生了一种类似市场解决产品有效供给的方法①。1957年，斯蒂格勒（Stigler）在《地方政府职能的有理范围》中，从两个原则出发阐明了地方政府存在的合理性：一是相较于中央政府，地方政府更接近辖区居民，更能按照居民偏好提供公共产品；二是不同辖区的居民有权对公共产品供给的种类和数量进行投票表决，因此公共产品应该由不同级次、不同区域

---

① TIEBOUT C. A Pure Theory of Local Expenditures [J]. Journal of Political Economy, 1956, 64 (5): 416–424.

的政府根据居民的要求来提供①。1959年，马斯格雷夫（Musgrave）从财政的三大职能划分视角论述了多级政府存在的必要性。认为中央政府应履行经济稳定与收入再分配职能，因为地方政府在经济稳定层面缺乏充足的财力，并且经济主体的流动性也严重束缚了地方政府收入再分配职能的发挥，但地方政府在履行资源配置职能方面具有优势，公共产品受益范围的多层次性决定了单一层级政府无法有效供给全部的公共产品，需要根据受益范围的大小由相应层级的政府来提供，这样更有利于提高经济效率，改进社会福利水平②。1972年，奥茨（Oates）通过构建一般均衡理论，提出了奥茨分权定理。其核心思想是：如果中央政府和地方政府在提供每一单位公共产品的成本上没有差异，那么，由地方政府向辖区居民提供一个帕累托最优的产出量要比中央政府向每一个居民提供一个特定且相同的产出量高效得多，即在等量提供公共产品这个限制条件下，地方政府供给优于中央政府供给③。

第一代财政分权理论假定政府是为公众利益服务的仁慈且高效的组织，忽视了政府内部运行机制以及地方政府行为。第二代财政分权理论以公共选择理论为基础，突破了仁慈、高效政府的基本假设，研究重心从政府间公共产品供给责任的分配转向财政分权体制下地方政府行为激励机制的构建。1996年，钱颖一和温加斯特（Weingast）对中国分权改革的实践进行研究发现，中国的分权改革构建了一个来自地方改革的支持机制，既可以让地方政府通过分享对市场的治理权来培育地方市场，又可以通过限制中央政府行为来扭转其政治性干预带来的扭曲，从而保障市场制度的相对稳定，这种分权所形成的激励和制约机制能够保证改革有效、持续进行④。1998年，钱颖一和罗兰（Roland）进一步完善了这一思想，并对中

---

① STIGLER G. The Tenable Range of Functions of Local Government [J]. Washington D.C.: Joint Economic Committee, Subcommittee on Fiscal Policy, 1957: 213-219.
② MUSGRAVE R A. Public Finance in Theory and Practice: A Study in Public Economy [M]. New York: McGraw-Hill, 1959.
③ OATES W E. Fiscal Federalism [M]. New York: Harcourt Brace Jovanovich, 1972.
④ QIAN Y, WEINGAST B R. China's Transition to Markets: Market-Preserving Federalism, Chinese Style [J]. Journal of Reform, 1996 (1): 149-185.

国式财政分权进行了分析，认为竞争效应和制衡效应是财政分权衍生出的两种效应，受中国式分权体制的影响，地方政府的财政支出安排会偏向于在短期内能促进经济发展的基础设施投资类公共产品，这严重挤压了与民生相关的公共产品的供给①。第二代财政理论还提出了"政府竞争"的概念，布雷顿（Breton）认为财政分权尽管揭示了本地居民对公共产品和服务的真实需求，但同时也加剧了地方政府间的竞争，致使地方政府在提供公共产品时对财政资源的分配造成扭曲②。因此，为了保障地方公共产品的有效供给，西布莱特（Seabright）提出中央政府应通过对比地方政府行动力及地区福利状况对地方官员进行考核，通过"问责制"建立促进地方政府以公共利益为导向的激励机制，建立健全良好的财政制度和运行机制以保证财政分权作用的发挥③。

相对贫困的形成与地区基本公共服务不均等密切相关，地方政府在相对贫困治理中发挥着重要作用。第一代财政分权理论强调了地方政府在地方事务治理上的有效性，第二代财政分权理论阐述了矫正财政分权对地方政府行为干预扭曲的机制。财政转移支付是保障地方政府实现基本公共服务均等化的重要制度安排，关系到中央政府与地方政府间公共产品供给效率，以及不同地方政府间财政资金的再分配与利益关系的调整，在这一过程中可能会诱发中央与地方间的"委托—代理"矛盾以及地方政府间的恶性竞争问题。因此，基于健全财政转移支付与建立相对贫困长效机制相统一的价值导向，通过规范财政转移支付制度和激励机制，可以在确保中央集权的前提下，充分利用地方政府更了解本辖区居民需求的特点，尽可能发挥财政转移支付的基本公共服务均等化功效，以及财政转移支付对相对贫困治理的优势，提升财政转移支付治理相对贫困的效率，由此，财政分权理论成为研究财政转移支付影响相对贫困的重要理论支撑。

---

① QIAN Y, ROLAND G. Federalism and the Soft Budget Constraint [J]. The American Economic Review, 1998, 88 (5): 1143-1162.
② BRETON A. Competitive Governments: An Economic Theory of Politics and Public Finance [M]. Cambridge: Cambridge University Press, 1998.
③ SEABRIGHT P. Accountability and Decentralisation in Government: An Incomplete Contracts Model [J]. European Economic Review, 1996, 8 (40): 61—89.

第三节　财政转移支付影响相对贫困的传导机制

财政转移支付影响相对贫困的传导机制是指财政转移支付通过影响某种中介变量，进而对相对贫困发挥作用的传导路径和作用机理。财政转移支付作为促进基本公共服务均等化的制度设计，构成相对贫困治理的制度保障。此外，财政转移支付在对地区间财力重新分配的同时，不可避免地会改变地方财政的预算约束，对地方财政收支决策形成不同程度和方向的激励，从而给地方财政支出结构与地方政府税收努力带来多重影响（Buettner，2006），这种影响会通过财政收支路径影响收入和财富的分配格局，进而影响和改变相对贫困状况。基于此，本书将财政转移支付影响相对贫困的传导机制归结为基本公共服务均等化、地方财政支出结构和地方税收努力，通过对这三种影响机制的理论阐述为第四、五、六章的实证检验提供前提条件。

一、基本公共服务均等化

基本公共服务不均等是相对贫困产生的重要因素[①]。财政转移支付通过矫正政府间财政失衡，矫正外部性与激励优值品的供给，可以有效地促进基本公共服务均等化的实现，进而对相对贫困治理产生影响。

（一）财政转移支付矫正政府间财政失衡

政府间财政失衡体现在纵向和横向两个方面，财政转移支付具有矫正这两个方面失衡的作用。在多级财政体制下，为了保障财政职能的有效履行与公共产品的有效供给，需要对政府间财政支出和财政收入进行划分。政府间财政支出的划分一般遵循辅助性原则和匹配性原则。基于第一代财政分权理论，地方政府在获取居民信息方面具有优势，更了解辖区居民对

---

① 李迎生.探索解决相对贫困的长效机制［EB/OL］.中国社会科学网，2020-10-13.

公共产品的偏好,在公共产品供给上比中央政府更具效率的优势。辅助性原则意指应将一部分支出责任下放给地方政府,这不仅可以提高地方政府对选民的责任感和回应速度,而且符合民主理念;匹配性原则是指按公共产品的受益范围划分各级政府支出责任,当公共产品的受益不会溢出辖区时,选择由地方政府进行供给,当公共产品的受益范围涉及多个地区甚至全国时,选择由高一级政府或者中央政府提供该类公共产品①。政府间收入的划分一般遵循效率原则、适应原则、恰当原则与经济利益原则。马斯格雷夫(Musgrave,1983)立足税收本身的调节作用,认为流动性强或者具有分配功能的税种应划为中央收入,萨阿(Shah,1994)注重征收成本,强调信息完善的税种由中央政府征收,信息不对称的税种由低一级政府征收。按照流动性、再分配性和征税成本的理论原则划分政府间收入必然会形成中央财政收入占比高的格局,同时出于效率的考虑,大部分支出责任归属地方政府,在这种财政收支划分格局下,地方政府会处于入不敷出的状态,由此形成中央与地方间收入能力与支出责任不对称的纵向财政失衡。受制于收支失衡压力,一方面地方政府会降低基本公共服务的供给水平,另一方面会优先安排见效快的生产性支出,而这又会进一步造成基本公共服务供给的不足,进而对相对贫困治理产生不利的影响。财政转移支付通过资金的纵向再分配能有效缓解地方财政收支失衡的状况,从而为提高基本公共服务均等化水平提供财力保障。

政府间横向财政失衡是指同级次政府间财政收支的不平衡。受自然环境、地理区位、产业结构、经济水平等因素的影响,同一级次地方政府的财政收入能力存在较大差异,与此同时,承担的支出责任具有共性,由此导致地方政府间提供的公共产品价格存在地区差异性。就经济发展水平相对落后的地区而言,由于财政能力较低,其公共产品供给的数量和质量往往达不到发达地区的水平,如果采取加强征管等方式提高税收收入会加剧物质和人力资本从高税率、低收入地区向低税率、高收入地区流动,这会

---

① MIKESELL J L. Fiscal Administration: Analysis and Application for the Public Sector [J]. Thomson Learning, 2003: 509-511.

进一步抑制地区的经济发展，形成不利于提升当地居民基本公共服务水平的恶性循环，有可能形成贫困陷阱。加之地方政府的行为决策以本地利益为出发点，实现财政资金从富余地区向缺口地区的自愿转移难以自发形成，由此导致地区间财力与基本公共服务供给水平的横向失衡。为了矫正地区间的横向财政失衡，中央政府在弥补纵向失衡时需兼顾横向失衡，通过财政转移支付实现地区间的横向资金再配置，平抑基本公共服务供给能力的地区差异性，抑制税率过高而导致的资源流失①，实现地区间基本公共服务均等化。此外，财政转移支付对横向财政失衡的弥补还有助于形成统一市场，使生产要素按照市场规律在地区间有效流动，提高资源优化配置的效率，促进地区内部、地区之间协调发展，进而改善相对贫困状况。

（二）财政转移支付矫正外部性

外部性又称溢出效应，是指一个人或一群人的行为对另一个人或一群人产生好的或坏的影响，好的影响被称为正外部性，反之则是负外部性。在正外部性情形下，私人的生产或消费量小于社会最优量，在负外部性情形下，私人的生产或消费量大于社会最优量。为此，需要政府采取税收或补贴的方式加以矫正。地方政府在提供某项地方性公共产品时，因为资源的流动和配置超出了本地政府的辖区，使公共产品的利益或成本外溢到行政辖区以外的地区，这意味着地方政府提供的公共产品产生了外部性。市场经济条件下，地方政府作为地区利益的代表者，在进行地方性公共产品供给决策时只会着眼于辖区利益，对具有正外部性的地方性公共产品供给进行"成本—效应"分析时，也仅限于考虑本地居民的利益，并按照本地居民从公共产品中获得的边际收益与供给公共产品的边际成本相等的条件决定供应量。囿于将外溢给辖区以外的部分受益或部分成本排除在外，地方政府在对具有外部性公共产品的供给进行决策时容易产生异化问题，结果导致地方性公共产品的供给量与实际需求量不匹配，要么供给不足，要

---

① 范子英. 非均衡增长：分权、转移支付与区域发展 [M]. 上海：上海人民出版社，2014.

么供给过度，无法实现公共资源的优化配置。与微观经济活动中外部性导致资源配置无效率需要政府干预一致，对于地方政府提供公共产品所产生的外部性也应该采取相应的措施加以解决。财政转移支付是矫正辖区间公共产品外部性较为有效的干预手段①，在地方政府供给公共产品的过程中，对产生正外部性的地方行为通过增加财政转移支付加以激励，对产生负外部性的地方行为通过减少财政转移支付加以惩戒，能够在一定程度上矫正外部性，保证地方性公共产品的有效供给。

（三）财政转移支付激励优值品供给

经济学中的优值品是指实际效用高于个体主观评价效用的产品。与个体的主观评价相似，代表整体利益的中央政府与代表局部利益的地方政府也会对地方性公共产品的效用进行评价，基于出发点与着眼点的不同，效用评价的结果往往也有所差异。如果中央政府对某项地方性公共产品的效用评价高于地方政府，那么该项公共产品对于中央政府而言就是优值品。效用评价往往决定行为决策，当地方政府与中央政府对地方性公共产品的效用评价相吻合时，地方政府供给公共产品的决策就会与中央决策相一致，这对于地方和全国公共资源的配置都是最优的。然而，地方政府和中央政府关于地方性公共产品的效用评价可能存在分歧，中央政府更注重长期性、可持续性优值品的供给，如基础教育等，而地方政府则会重视短期性、见效快的劣质品的提供，如地方政绩工程，这就需要中央政府对地方政府的行为加以干预。中央政府通过财政转移支付正向激励地方优值品供给，使其达到社会最佳配置状态，同时通过财政转移支付对地方政府的行为决策产生影响，使之更符合中央政府政策意图，从而在保障地方财力均衡的同时提升地方基本公共服务均等化的水平。

概言之，财政转移支付不仅可以缓解纵向财政失衡与横向财政失衡，为实现全国范围内公共产品供给的有效性和平衡性提供财力保障，而且有利于矫正外部性，促使地方政府公共产品的供给与本地区居民的需求相匹

---

① 王玮. 地方财政学 [M]. 北京：北京大学出版社，2013.

配，激励地方政府对优值品优先供给，确保地方政府的决策与中央政府的偏好相一致，成为实现地区基本公共服务均等化，进而解决相对贫困的制度保障。

二、地方财政支出结构

在财政分权体制下，财政转移支付不仅是实现地区基本公共服务均等化的制度安排，更是激励和约束地方财政行为的重要机制，财政转移支付会改变地方财政支出决策，促使地方财政支出结构有所偏向。财政转移支付、地方财政支出结构影响相对贫困的机理可以从三个层面加以阐释。

（一）财政转移支付产生"粘蝇纸效应"

"粘蝇纸效应"是指与地方自有收入相比，自上而下的财政转移支付会促使地方政府扩大财政支出规模。换言之，地方政府获得中央财政转移支付拨款后不会重新调整财政资金分配，而是被"粘"在原有的财政支出项目上[1]。根据公共财政理论，当地方政府掌握更多财政资源时，其首要的任务是扩大行政组织规模，并增加行政人员收入[2]，尤其是在地区财力不平衡、财政管理体制不健全的国家，地方财力的改善可能对地方财政支出行为产生不合理的激励机制，导致地方财政支出结构发生扭曲，偏向于行政性支出，致使财政转移支付资金的使用偏离提高居民福利水平的目标（Stein，1997；尹恒、朱虹，2011；付文林等，2012）。

（二）财政转移支付产生"公共池效应"

"公共池效应"可以理解为财政收益与税收成本割裂产生的财政资金使用低效率问题。1994年分税制改革后，"财权上移""事权下移"，收支之间非对称性的逆向运行致使地方财政长期存在收支缺口。为了摆脱收支

---

[1] ACOSTA P. The "Flypaper Effect" in Presence of Spatial Interdependence: Evidence from Argentinean Municipalities [J]. The Annals of Regional Science, 2010, 44（3）：453-466.

[2] TULLOCK G. Towards a Mathematics of Politics [M]. Ann Arbor: The University of Michigan Press, 1967.

缺口困境，改变财政支出结构，尤其是增加投资类生产性支出占比，促进地区经济增长以获得稳定财源成为地方政府更为现实的选择。换言之，在纵向财政失衡问题突出的背景下，地方政府在财政支出安排上存在重投资的结构性偏向激励①。而财政转移支付作为弥补地方财力缺口的重要手段，理论上对地方财政支出行为具有一定的纠偏作用，然而财政转移支付存在"公共池效应"，割裂了地方税收成本与财政收益之间的关系，使得地方财政支出成本可以借助"公共池"资金进行分摊，造成地方财政支出决策的随意性增强（贾俊雪等，2017）。因此，这种"公共池效应"的存在使得财政转移支付不但没有对地方财政支出行为进行纠偏，反而在一定程度上加深了地方财政支出结构偏向的程度。

（三）财政转移支付强化地方政府竞争

中国式财政体制模式的特征是财政分权与政治集权的适度结合，中国式财政分权旨在对地方政府和企业提供经济发展的激励，成为地方财政支出结构偏向的第一重激励，但现实中这不足以构成对地方财政支出结构偏向的全部激励，特别是政治集权下"自上而下"的标尺竞争进一步固化和加剧了这种偏向。究其原因，在以 GDP 为主导的政绩考核机制中，地方官员的政治升迁与地方经济增长绩效挂钩，并且中央政府运用相对绩效评估方式尽可能地消除评估误差，加大激励效果（Li and Zhou，2005）。面对标尺竞争压力，地方政府会主动调整财政支出结构，由于科教文卫等民生性支出的短期经济增长效应不明显，地方政府在"增长竞争"中存在重建设、轻民生的制度激励，倾向于利用生产性支出的经济增长效应提高自身在"经济锦标赛"中的排名，从而尽可能地获取晋升利益。财政转移支付作为财政分权体制的产物，不仅可以弥补地方财政收支缺口，而且会对

---

① BARDHAN P, MOOKHERJEE D. Decentralization and Accountability in Infrastructure Delivery in Developing Countries [J]. The Economic Journal, 2006, 116 (508): 101-127.

地方政府竞争行为形成激励约束[1]。规范的财政转移支付可以降低地方财政增加生产性支出的边际收益，抑制地方财政支出的结构偏向，扩大有利于提升居民福利的民生性公共产品的供给[2]。需指出的是，我国财政转移支付仍存在一定程度的不规范性，这可能会提高地方政府机会主义行为概率，强化政府竞争对地方财政支出结构偏向的激励，降低民生性支出的占比[3]。

总之，财政转移支付作为地方政府的重要财力来源可以改变地方政府的预算约束，对地方财政支出行为产生激励约束。这具体表现为财政转移支付通过"粘蝇纸效应""公共池效应"以及强化地方政府竞争对地方财政支出决策形成负向激励，造成地方财政支出结构的不合理偏向，进而影响相对贫困治理的质效。

三、地方税收努力

地方税收努力是财政转移支付影响地方财政行为决策的一个重要维度。地方政府在获得转移支付后，也会相应地调整其财政收入决策，影响地方税收努力程度与征管力度，进而对社会整体福利产生影响。由此财政转移支付借助地方税收努力会影响相对贫困，其影响程度取决于财政转移支付对地方税收努力的激励方向，具体表现为正向激励和负向激励两个方面。

（一）财政转移支付抑制地方税收努力

税收收入和财政转移支付共同构成地方财政主要来源，相较于征税需付出一定的成本，财政转移支付的获得具有零成本特点，因此当地方政府

---

[1] BUCOVETSKY S. SMART M. The Efficiency Consequences of Local Revenue Equalization: Tax Competition and Tax Distortions [J]. Journal of Public Economic Theory, 2006, 8 (1): 119-144.

[2] HINDRIKS J, PERALTA S, WEBER S. Competing in Taxes and Investment under Fiscal Equalization [J]. Journal of Public Economics, 2008, 92: 2392-2402.

[3] 李永友，张子楠. 转移支付提高了政府社会性公共品供给激励吗？[J]. 经济研究，2017, 52 (1): 119-133.

能够获得足够的转移支付资金时会主动降低税收努力程度,即存在地方政府主动降低税收努力的制度激励(付文林、赵永辉,2016)。此外,地方税收努力会影响地方税基,加大税收努力会增加地区纳税主体的实际税负,促使税源向低税负地区转移,影响地方政府的竞争能力,而财政转移支付在弥补地方财政缺口之余,一定程度上可以为地方政府开展税收竞争提供财力支持,激励地方政府通过降低税收努力程度或加大税收优惠力度吸引税源流入。在这种情境下,财政转移支付可以满足地方政府被动降低税收努力的需要。

(二) 财政转移支付促进地方税收努力

财政转移支付的实质是将从地方筹集的财政资金再返还给地方,只是"收"和"还"的对象存在着差异。经济发达地区税源较为充足,是财政转移支付资金的主要来源渠道,而经济落后地区税源相对不足,基本是财政转移支付的补助地区,在这一意义上,财政转移支付是运用经济发达地区的剩余财力弥补经济落后地区的财力缺口。财政转移支付在缩小地区间经济和财力差距的同时也会产生不利于激发地方经济发展积极性的"鞭打快牛"现象。我国经济近40年的持续高速增长与地方政府间的税收竞争密切相关,而税收竞争加剧会促使地方政府减小税收征管力度,当财政转移支付通过"鞭打快牛"抑制地方政府发展经济的积极性时,也在一定程度上降解了税收竞争的外部性,由此地方税收努力也就会随之上升(Bucovetsky and Smart, 2006; Buettner, 2006; Liu, 2014; 吕冰洋、张凯强,2018)。此外,财政转移支付意味着向处于竞争劣势的地区再分配财政资源,以弥补其为了维持税收努力水平而流失的税源,一定程度上矫正了竞争的外部性,强化了地方税收努力。

综上,财政转移支付对地方税收努力存在正向激励和负向抑制的双向影响,尽管作用的方向不一致,但财政转移支付都会对地方税收努力产生影响。进而,地方税收努力的大小关系到税收再分配功能的发挥、地方政府自有财力及财政支出的水平,最终会影响财富分配的格局并改变相对贫困状况。

第三章

财政转移支付与相对贫困的特征事实

相对贫困是现阶段我国贫困治理的重点。财政转移支付是强化财政再分配职能,实现基本公共服务均等化的重要制度安排,也是影响相对贫困的一个重要制度因素,对财政转移支付与相对贫困的现实考察是研究二者关系的必要环节。为此,本章系统分析我国财政转移支付的制度演进及现状,全面阐释我国相对贫困的时空分布特征,以期对财政转移支付影响相对贫困的研究提供现实依据。

第一节 财政转移支付的制度演进与现状分析

一、财政转移支付的制度发展过程

对财政转移支付演进过程的清晰把握是透视其基本特征的一个根本前提。我国财政转移支付内置于财政管理体制,其发展演进阶段受限于财政管理体制的变革,具有明显的"路径依赖"特征。1994年以前,尽管财政转移支付的形式已然存在,但还未形成明确的财政转移支付概念,正式提出将财政转移支付作为财政管理体制的一部分始于1994年的分税制改革。随着我国财政管理体制的变革,财政转移支付大致经历了四个变化阶段:第一阶段是从1949年到1977年。该阶段以计划经济体制为主体,财政转移支付的建立与"统收统支"财政管理体制相适应。第二阶段是从1978年到1993年。该阶段处于经济体制转型时期,财政转移支付与"财政包干"财政管理体制相适应。第三阶段是从 1994 年至 2012 年。该阶段经历了分税制改革,财政转移支付与"分税制"财政管理体制相适应。第四阶段是 2013 年至今。该阶段开启了新一轮财政管理体制变革,财政转移支付逐渐制度化和规范化。

(一)"统收统支"财政管理体制下的财政转移支付:1949—1977 年

新中国成立初期百废待兴,为了尽快摆脱短缺及相对落后的经济状况,实现经济复苏,我国引入苏联式计划经济体制,即中央政府高度集中下的"统收统支"财政管理体制,地方政府的财政支出完全依赖于中央政府的拨款,收入和支出之间没有必然的联系,财政拨款是该时期财政转移支付的主要表现形式。

1951 年,为了兼顾地方政府的利益,中央政务院颁发了关于划分财政收支系统方面的决议①,将全国财政层级划分为中央、大区和省三级,建立了我国财政分级管理体制的雏形。但地方政府每年的财政预算收支仍然由中央政府进行核定,如果地方政府收大于支,则按照体制上解的财政资金运作模式将多出部分上解中央政府,反之,出现支大于收的情况,则由中央政府给予相应的财政补助。为了进一步调动地方积极性,规范中央集中领导下的分级管理财政体制,1953 年实施"收入分类分成"财政管理体制以增强地方政府对财政收支的管理权限,1957 年继续增加地方机动财力,按照"以支定收,一年一定"的原则确定地方政府的分成比例。与之相适应,财政转移支付的安排在沿用原有规定之外,增加了中央政府对地方政府的自然灾害、防洪安排等专项拨款,实现了真正意义上的专项资金拨付。

考虑到三大改造后建立了公有制经济的社会现实,自 1958 年开始实施"以收定支,五年不变"的财政管理体制,即当地方政府固定收入无法满足本级支出需要时,将部分企业分成收入分配给地方,若仍无法弥补财

---

① 中央人民政府政务院. 关于 1951 年度财政收支系统划分的决定 [N]. 人民日报,1951-04-05(1).

政收支缺口，则由中央向地方划拨一定比例调剂分成收入，如果还未满足地方本级支出的需要，再由中央政府给予相应的拨款。此外，中央政府还设置了用于地方基建、移民垦荒、灾害救济等特殊拨款。实际上，企业分成收入、调剂收入、中央拨款及特殊拨款在某种程度上均属于财政转移支付的形式，但此种管理模式还未执行一年就被取消。

为了解决地方政府财力分散问题，1959—1960年开始实行"收支下放、计划包干、地区调剂、总额分成、一年一变"的财政管理体制，同时取消中央对地方的专案拨款安排。为了应对"大跃进"和三年严重困难带来的经济冲击，1961年再次调整财政管理体制，强调高度集中和统一，要求中央与地方上下一本账，全国一盘棋。在收支安排上，地方政府需要按比例上缴财政盈余部分，当然在财政短缺时也能从中央获取相应的拨款，同时恢复了专案拨款制度，尤其是某些特殊性的支出拨款。

在1966—1976年间，财政收入不稳定，财政管理体制也频繁变动，从1966年的"收支挂钩、总额分成"，到1968年的"收支两条线"，再到1971年的"财政收支大包干"，以及1973年的"固定比例留成"，最后于1976年又回归到"收支挂钩、总额分成"的财政管理。与此同时，财政转移支付形式也随着财政管理体制形式的变化而变动，虽然缺乏相应固定的模式，但财政拨款仍然是最主要的方式。

总体来看，这一阶段属于计划经济体制确立及发展阶段，财政管理体制多次变动，但总体格局并未发生根本性改变，均实行中央统一领导下的分级管理体制。在财政转移支付方面，对于收入大于支出的省份，地方通过收入上解的方式向中央转移财政资金，对于支出大于收入的省份，中央则通过下拨方式向地方转移财政资金，初步确立了"自下而上"与"自上而下"的财政资金调节机制。从制度安排上看，这一阶段的财政转移支付属于单一补助模式，鉴于实施过程中按人均财政支出额计算分配财政资金，城市化水平较高或大型国有企业集中的地方以及少数民族自治区更容易成为受益者，地方财力均等化在国家财政中的地位并不明显。因此，这一阶段即使有以均等化为目的的财政转移支付，且对后期财政资金运作模式的选择产生了一定的影响，但囿于规模较小，加之资金分配方式不甚合理，其均等化和经济调节的功效也并不突出。

（二）"财政包干"财政管理体制下的财政转移支付：1978—1993年

尽管新中国成立初期实行的"统收统支"财政管理体制短期内顺应了当时政治、经济发展的需求，但地方收入统一上缴中央，支出按计划由中央统一核拨，收支不挂钩的做法不利于调动地方政府发展经济的积极性，从中长期看不利于激活地方和国家经济发展的活力，给予地方政府财政自主权便成为打破僵局的突破口。基于此，我国于1980—1993年间实行了三次大幅度的财政管理体制改革以调动地方积极性，而财政转移支付作为财政管理体制的重要支撑，也适时做出了调整。

首先，1980—1984年逐渐将"统收统支"的"一灶吃饭"财政管理体制变革为"划分收支、分级包干"的"分灶吃饭"财政管理体制，地方各项财政支出不再由中央归口下达，地方享有缴足上解中央收入之后的剩余财力的自主权，真正做到了一级政府一级财政。地方政府财政收入和支出的包干基数以1979年预算执行数为基础，地方固定收入高于支出的部分按比例上缴中央，固定收入低于支出的部分则从工商税中留存调剂收入或者由中央财政给予定额补助。少数专项财政支出，如特大自然灾害救济费、支援落后地区发展资金等由中央专案拨款。总之，财政转移支付包括调节地方政府财力的上缴补助和解决特殊问题的专项拨款两个部分。

1984年9月针对国营企业实行第二步利改税，改变以往国营企业上缴利润的管理模式，按照11个税种向国家缴税，实现了较为完全的以税代利。为适应这一调整，1985年开始变革"划分收支、分级包干"的财政管理体制，修改为"划分税种、核定收支、分级包干"的新财政管理体制。具体做法是：收入方面，按税种划分为地方固定收入、中央固定收入、中央与地方共享收入三类，并以1983年决算收入数为基数重新核定地方固定收入；支出方面，以1983年地方既得财力为基数，仍按照隶属关系划分中央和地方财政支出；财政转移支付方面，地方固定收入大于支出的部分定额上解中央，地方固定收入小于支出的部分从共享收入中按比例分成留在地方，若仍不足以抵拨财政支出，则由中央定额补助。同时，仍由中央财政专项补助地方具有特殊性的专项支出，如边境建设事业费等。

为适应经济体制的变革，更好地处理好中央与地方的关系，1988年国务院颁布法令①，对除广州市、西安市②之外的37个省、自治区、直辖市和计划单列市实行形式各异的"财政包干"财政管理体制改革。例如，北京市、辽宁省（沈阳市、大连市除外）、河北省、河南省、江苏省、浙江省（宁波市除外）、哈尔滨市、沈阳市、宁波市和重庆市采用"收入递增包干"的形式，以1987年财政决算收入和地方应得财政支出为基数，根据地区收入增长情况确定地方收入环比增长率，在此基础上进一步确定留成和上解比例。环比增长率以内的收入按约定比例进行收入分成，超出部分全部留给地方，当地区收入实际增长率低于环比增长率时，由地方自有财力补足上解中央收入部分；安徽省、山西省和天津市采用"总额分成"的形式，地方财政收支基数的核定参照前两年的实际财政状况，以收入总额中支出总额的占比确定地方分成和上解比例；武汉市、青岛市和大连市采用"总额分成加增长分成"的形式，以上一年的实际收入为基数，基数部分按总额分成比例分成，增长部分按"总额分成比例+增长分成比例"确定地方收入；广东省和湖南省采用"上解额递增包干"的形式，以1987年上解收入为基数，每年按照一定比例递增上缴；黑龙江省、山东省和上海市采用"定额上解"的形式，根据原核定收支基数，收入大于支出部分按固定的数额上解；吉林省、福建省、江西省、陕西省、甘肃省、贵州省、青海省、云南省、海南省、四川省、湖北省、内蒙古自治区、广西壮族自治区、西藏自治区、宁夏回族自治区、新疆维吾尔自治区采用"定额补助"的形式，根据原核定收支基数，支出大于收入的部分由中央定额补助。地方政府自行解决预算执行中遇到的问题，特大自然灾害除外，可由中央政府进行适当补助。1988—1993年间全国各省、市、自治区根据财政包干体制运转，财政自求平衡，中央只对特大自然灾害等特殊情况进行专

---

① 国务院关于地方实行财政包干办法的决定［EB/OL］. 政府信息公开专栏，1988-07-28.
② 广州市和西安市的财政关系不做特殊规定，与广东省和陕西省的财政管理体制保持一致。

项补助。

这一阶段经历一系列调整最终归属"财政包干"财政管理体制，极大地激发了地方政府增收的积极性，但中央从地方获得的上解收入少于中央对地方的财政补助，地方收支差额由中央通过收入分成、调剂收入、定额补助和专项补助等办法进行弥补。尽管该阶段仍没有财政转移支付的概念，但这些弥补差额的办法具有财政转移支付的性质，使其成为一项具有实质意义的制度安排。需指出的是，"财政包干"财政管理体制下中央和地方陷入年年谈判的局面，中央财政收入比重不断下降，中央政府可用于横向公平调节的财力并不充足，不利于发挥财政转移支付的功能。此外，"财政包干"财政管理体制下的财政转移支付仅被视为平衡地区财力的工具，忽视了其制度激励作用，助长了地方政府的短期行为，进而影响到政府间财政关系的稳定性和规范化。

（三）"分税制"财政管理体制下的财政转移支付：1994—2012年

"财政包干"财政管理体制实质上是一种行政性分权，在实际运行中造成"两个占比"的急剧下降，使中央财政难以平衡而陷入不断"打补丁"的境地。为了解决这一问题，党的十四大明确了经济体制改革的方向，循序渐进地实行了分税制财政管理体制改革，作为配套措施的财政转移支付也进行了相应的调整。1994年开始实施以公平税负和简化税制为核心的税制变革，建立了增值税和营业税平行征收，消费税特殊调节的流转税体系，并对所有税归并整合，同时组建地方和中央两套税务机构以适应财政管理体制变革的需要。在此基础上，进一步理顺中央与地方的收入分配关系，根据事权与财权相结合的原则将税种划分为中央税、地方税以及中央地方共享税，但对中央和地方支出责任的划分保持不变。

中央与地方的收支框架基本确定后，在实际运行过程中地方自有财力与支出责任之间存在较大差距。为了解决这种地方收支的不对称性问题，建立了税收返还制度以保障地方既得利益。其具体做法是：将1993年净上划收入（消费税+75%增值税-中央下划收入）作为以后年度中央对地方的税收返还基数，并在此基数上逐年递增，递增率按地区增值税和消费税增长率1∶0.3的系数设定。分税制改革之后,"两个占比"下降问题得到缓解,中央宏观调控能力不断增强,与此同时为了解决地方收支不对称问题,尤其是缓解因财政困难而涌现出的地区财政运行矛盾,1995年出台了过渡期财政转移支付办法,以各地区标准财政收支差额为依据,由中央从收入增量中拿出部分资金对收不抵支的地区进行财政转移差额补助,尤其是对民族地区适度倾斜,并建立了中央专项补助拨款制度以达到特定的政策目标。

过渡期财政转移支付一直延续到2001年底,2002年初国务院开始实施所得税收入分享改革,改变以往按隶属关系划分所得税收入的状况,规定个人所得税、企业所得税收入由中央和地方按比例分享。同年,财政部出台《一般性转移支付办法》,不再使用"过渡时期财政转移支付"的概念,而是将中央因改革集中的收入与过渡时期财政转移支付合并,统称"一般性转移支付",用于对地方(主要是中西部地区)进行补助。2002—2008年,一般性转移支付历经数次调整,逐渐与民族自治地区转移支付、调整工资转移支付等项目共同构成财力性转移支付。2009年,中央进一步规范财政转移支付,将原"一般性转移支付"改为"均衡性转移支付",而原"财力性转移支付"则更名为"一般性转移支付",并将原专项转移支付中教育、公共安全、社会保障和就业等支出项目以及体制补助一并纳入一般性转移支付,原体制上解纳入税收返还,仍保留专项转移支付制度。2011年起财政部每年修订均衡性转移支付办法,一方面保证均衡性转移支付的科学性,另一方面突出财政转移支付均等化功能定位。

总体来看,这一阶段确定了以分税制为核心的政府间利益分配关系,初步建立起了适应社会主义市场经济发展的财政管理体制框架。为了保证分税制改革的连贯性,依据"既得利益"原则建立了税收返还制度,但值得注意的是,税收返还不属于财政转移支付的范畴,只是当时减少改革阻力的策略性选择,因为返还类收入不形成中央的可支配收入,表面上看是中央对地方的补助,实质上是中央与地方收入分享的特殊形式。真正的财政转移支付是从1995年过渡期财政转移支付开始的,具有明显的"过渡"特点,旨在配合财政改革目标。虽然考虑了民族优惠政策,但并没有触动地方的既得利益,基本公共服务均等化的功能趋向不够明显。2002年后财政转移支付经历了一系列名称、统计口径的调整,反映出财政转移支付功能定位的不断规范,但一般性转移支付的增加仍着重用于补偿地区财力缺口,并非切实用于实现基本公共服务均等化,直到2009年将财政转移支付分类归并最终调整为一般性转移支付和专项转移支付后,才赋予财政转移支付更多的基本公共服务均等化功能,这也意味着规范性财政转移支付的建立。

(四)"新一轮财税体制改革"下的财政转移支付:2013至今

2013年十八届三中全会开启了新一轮财税体制改革,明确了建立现代财政制度的改革目标。在财政转移支付层面,提出了要完善一般性转移支付增长机制的要求,中央因增支政策造成的地方财力缺口由一般性转移支付进行调节,增加对"老少边穷"地区的财政转移支付,清理、整合、规范专项转移支付,并对保留的专项转移支付进行甄别①。2014年中共中央政治局会议决定进一步完善一般性转移支付稳定增长机制,逐步将占比提高到70%~80%,继续清理、整合、规范和甄别专项转移支付项目,完善资金管理办法。2015年维持财政转移支付调整方针不变,在保持一般性转移支付稳定增长的基础上,构建均衡性转移支付为主、少量体制结算补助为辅、"老少边穷"地区财政转移支付为补充的一般性转移支付体系,着力整合、规范专项转移支付,对专项转移支付的项目和资金规模进行严格把控,以强化地方财政的统筹能力②。此后,国务院相继发布多项文件用以推进政府间事权与支出责任划分改革,财政转移支付作为配套措施,也处于不断变化调整之中。如2016年清理整合与财政事权划分不相匹配的财政转移支付,增强老少边穷地区的财力,严格控制专项转移支付规模③。2018年在一般性转移支付下设立共同财政事权分类分档转移支付,并将改

---

① 中国共产党第十八届中央委员会第三次全体会议. 中共中央关于全面深化改革若干重大问题的决定[EB/OL]. 政府信息公开专栏, 2013-11-12.
② 国务院关于改革和完善中央对地方转移支付制度的意见[EB/OL]. 政府信息公开专栏, 2015-02-02.
③ 国务院关于推进中央与地方财政事权和支出责任划分改革的指导意见[EB/OL]. 政府信息公开专栏, 2016-08-24.

革前安排的基本公共服务领域共同财政事权事项统一纳入该类转移支付，保障中央政府在基本公共服务领域承担起对共同事权的支出责任①。

这一阶段对分税制财政管理体制下的财政转移支付进行了修正和完善，依据政府间财政事权与支出责任划分的改革方向，调整了财政转移支付的规模和结构，不断增加一般性转移支付，尤其是均衡性转移支付的规模，确保财政转移支付资金向"老少边穷"地区倾斜，同时控制专项转移支付项目的数量和资金规模，提高资金使用效率。经过这一阶段的调整，我国财政转移支付日趋完善，功能定位日益明晰，财政转移支付实现基本公共服务均等化的功效不断增强，同时财政转移支付作为制度激励机制，对地方政府行为的影响也得以显现。

二、财政转移支付的时序演变

基于我国真正意义上的财政转移支付制度始于1995年的过渡期转移支付，因此本书以1995年为时间起点，分析近26年我国财政转移支付规模与结构的时空变化特征。此外，从严格意义上讲，税收返还并不属于财政转移支付制度的范畴，因此本书只关注一般性转移支付和专项转移支付这两种类型。

（一）全国层面

财政转移支付规模采用一般性转移支付绝对量、专项转移支付绝对量、财政转移支付增长率来衡量，财政转移支付结构运用一般性转移支付占比与专项转移支付占比来测度。我国财政转移支付规模和结构的时序演变分别如图3-1和图3-2所示。从图3-1中可以看出，1995—2020年我国一般性转移支付规模不断扩大，从1995年的291亿元持续增长到2020年的69460亿元，增长了近238倍，而专项转移支付规模从1995年的375亿元增加到2018年的22927亿元后出现大幅下滑。2019年原专项转移支付

---

① 国务院办公厅关于印发基本公共服务领域中央与地方共同财政事权和支出责任划分改革方案的通知［EB/OL］．政府信息公开专栏，2018-02-08．

中的大部分支出项目通过"共同财政事权转移支付"科目调整到一般性转移支付，统计口径的变化是专项转移支付规模大幅下降的直接原因。尽管2019年专项转移支付规模出现回落，但因为一般性转移支付规模的增长数额大于专项转移支付规模的下降数额，使得财政转移支付规模仍然保持上升趋势，从1995年的666亿元增长到2020年的77226亿元，增长了近115倍。

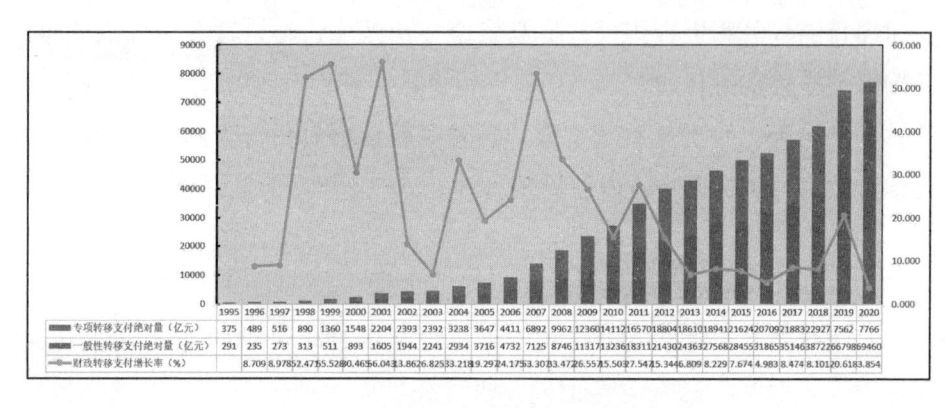

图 3-1　财政转移支付规模的时序演变图①

数据来源：根据1995—2020年全国财政决算数据整理得到。

从财政转移支付增长率来看，1997年、2000年、2003年、2005年、2010年和2018年增长速度较快。原因在于：1994年分税制改革打破了财政包干体制的僵局，中央财力日渐增强，这为1997年扩大财政转移支付规模奠定了基础；随着改革开放进程的加快，东部沿海与西部内陆的差距逐渐拉大，为了缩小地区差异，2000年中央开始实施西部大开发战略，在此过程中财政转移支付发挥了重要作用；2002年实行所得税分享改革，将中央分享得到的所得税收入归入一般性转移支付用以支持中西部地区，这成为2003年财政转移支付规模大幅提升的有效助力；2005年首次提出"公共服务均等化"概念是这一阶段加大财政转移支付力度的政策支撑；

---

① 为了统一口径，图3-1按照2009年建立的规范财政转移支付标准，将财政转移支付类型划分为一般性转移支付和专项转移支付，其中1995—2008年度的一般性转移支付实质上等同于财力性转移支付，下同。

2009年正式构建规范的财政转移支付制度，其均等化地区间基本公共服务的功能得以强化，这为2010年财政转移支付规模的稳步提升提供了条件；2018年将基本公共服务领域共同财政事权事项统一纳入一般性转移支付则直接扩大了财政转移支付的统计口径和范围，因而造成财政转移支付规模的快速攀升。

由图3-2可知，1998年之后一般性转移支付的占比逐年提升，由26.02%提高到2020年的89.94%，而专项转移支付占比不断下降，从73.98%降至10.06%。此外，2005年一般性转移支付占比突破了50%，首次高于专项转移支付占比，而这与2005年首次提出"公共服务均等化"概念相对应。此后，增加一般性转移支付规模，提高一般性转移支付占比成为财政转移支付结构调整的主要方向。尤其是2020年，因为统计口径调整，一般性转移支付占比接近90%，财政转移支付的结构趋向合理化。

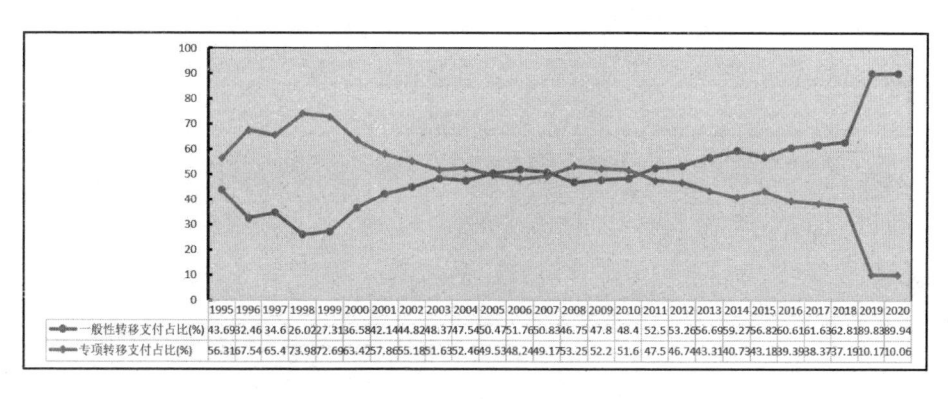

图3-2 财政转移支付结构的时序演变图

数据来源：根据1995—2020全国财政决算数据整理得到。

（二）省域层面

为了分析财政转移支付规模在省域层面上的变动情况，图3-3描绘了31省财政转移支付规模的变化趋势。从中可知，1995—2020年省域层面财政转移支付规模整体呈现上升趋势，但从上升速度来看具有明显的阶段性特征。1995—1998年属于平稳上升期，该阶段分税制财政管理体制改革刚完成，财政转移支付制度开始构建，中央财力逐步恢复，因此财政转移支付规模变化与中央收入平稳上升的趋势相吻合；1999—2009年属于快速上升期，该阶段所得税已完成了收入分享改革，中央财力进一步增强，加之政府提出西部大开发战略，财政转移支付平抑地区差异的作用得到重视，因此31省获得的财政转移支付规模快速提升，且财政转移支付的地区偏向性也逐渐凸显，中西部落后省份从中央得到的财政转移支付规模较之于东部发达省份更多；2010—2020年属于加速上升期，该阶段构建了规范的财政转移支付，其基本公共服务均等化的功能得以全面发挥。此外，从2010年起民生问题成为政府执政理念的核心，相应地要求财政转移支付规模进一步扩大。从31省财政转移支付规模变化的差异性来看，1995—2020年间，四川、河南、云南、湖南、黑龙江等中西部省份获得的财政转移支付规模较多且上升幅度较大，而上海、天津、浙江、北京等东部省市获得的财政转移支付规模较小且上升幅度较小，这表明中央通过财政转移支付平衡地区差异的意图越来越明显，财政转移支付均等化的作用逐渐被强化。

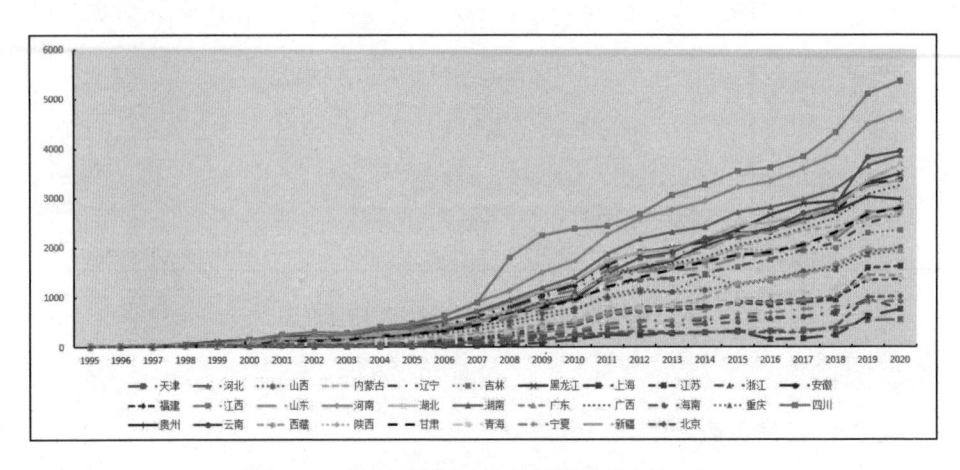

图3-3 31省财政转移支付规模的时序演变图

数据来源：根据1995—2020年全国财政决算数据整理得到。

为了进一步分析省域层面财政转移支付的时间变化特征，表3-1反映了1995—2020年31省财政转移支付规模的描述性统计分析结果。从表3-1可以看出，省域层面的财政转移支付规模在时间维度上的变化特征表现在三个方面:第一,极差代表最大值与最小值的差距。31省财政转移支付规模极差由1995年的38亿元增长为2020年的4824亿元,表明不同省份从中央获得的财政转移支付规模两极差异明显,且有逐渐增大的趋势。第二,标准差代表绝对差距。1995年的标准差为9.17,2020年增加到1215.79,这说明31省得到的财政转移支付规模的绝对差距逐步拉大。第三,变异系数代表相对差距,变异系数先从1995年的0.43上升到2008年的0.63,接着下降到2020年的0.49,意味着2008年以前31省从中央获得的财政转移支付规模的相对差异在扩大,但近年来这种相对差异有缩小的趋势。

表3-1　1995—2020年31省财政转移支付规模的描述性统计分析

年份	最大值（亿元）	最小值（亿元）	极差（亿元）	标准差	变异系数
1995	42	4	38	9.168	0.427
1996	45	7	38	9.926	0.426
1997	48	5	43	10.329	0.407
1998	67	11	56	16.063	0.414
1999	126	15	111	26.595	0.440
2000	154	22	132	39.123	0.477
2001	255	28	227	62.465	0.509
2002	308	20	288	75.095	0.536
2003	292	20	272	79.316	0.531
2004	415	23	392	112.362	0.565
2005	486	25	471	131.533	0.554
2006	646	31	615	173.963	0.558

续表

年份	最大值（亿元）	最小值（亿元）	极差（亿元）	标准差	变异系数
2007	905	40	865	239.884	0.563
2008	1810	58	1752	360.864	0.625
2009	2261	93	2168	450.652	0.612
2010	2381	161	2222	477.808	0.548
2011	2437	243	2194	570.162	0.493
2012	2692	247	2445	651.070	0.498
2013	3071	277	2794	708.762	0.518
2014	3277	287	2990	770.988	0.520
2015	3545	287	3258	843.736	0.517
2016	3621	161	3460	889.540	0.524
2017	3851	170	3681	963.414	0.524
2018	4326	237	4089	1034.763	0.520
2019	5118	543	4575	1140.061	0.475
2020	5373	549	4824	1215.788	0.488

数据来源：根据1995—2020年全国财政决算数据整理得到。

(三) 地区层面

财政转移支付以弥补地区财力缺口为基础，以实现地区间基本公共服务均等化为目的，由此不同区域的财政转移支付规模应存在差异。为了对不同区域进行比较分析，根据"七五"计划中关于东部、中部、西部三个经济区的划分标准①，给出东、中、西部财政转移支付规模的时序演变情况。从图3-4可以看出，2000年以前无论东部、中部还是西部地区获得中央财政转移支付的差异均不明显，但2000年以后这种差异日趋凸显，其中，西部地区获得财政转移支付最多，中部地区次之，东部地区最少，这一结果说明我国财政转移支付资金的分配存在地区差异，财政转移支付设计中越来越凸显其基本公共服务均等化功能。

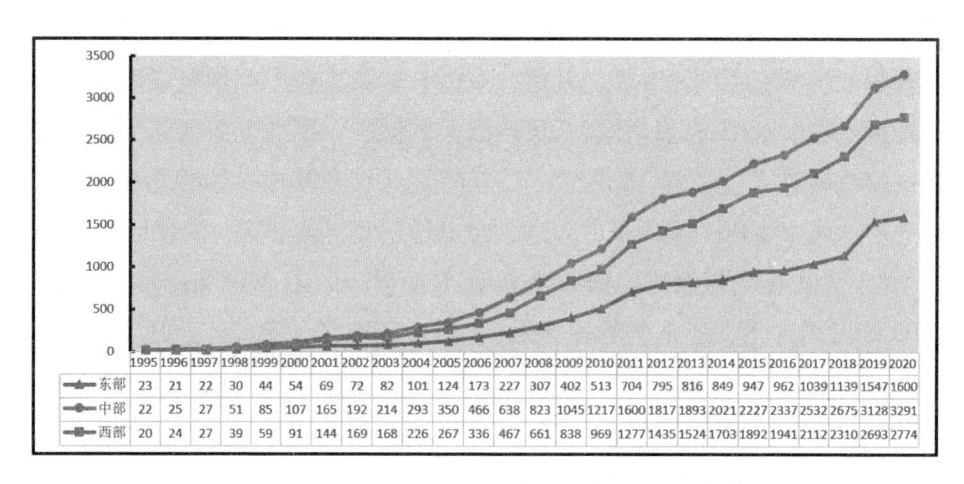

年份	1995	1996	1997	1998	1999	2000	2001	2002	2003	2004	2005	2006	2007	2008	2009	2010	2011	2012	2013	2014	2015	2016	2017	2018	2019	2020
东部	23	21	22	30	44	54	69	72	82	101	124	173	227	402	513	704	795	816	849	947	962	1039	1139	1547	1600	
中部	22	25	27	51	85	107	165	192	214	293	350	466	638	823	1045	1217	1600	1817	1893	2021	2227	2337	2532	2675	3128	3291
西部	20	24	27	39	59	91	144	169	168	226	267	336	467	661	838	969	1277	1435	1524	1703	1892	1941	2112	2310	2693	2774

图3-4 东、中、西部地区财政转移支付规模的时序演变情况

数据来源：根据 **1995—2020** 年全国财政决算数据整理得到。

三、财政转移支付的空间分布

为了直观地把握财政转移支付的空间分布特征，本书借助 ArcGIS10.2 软件的空间可视化功能进行绘图分析。首先，使用 31 省财政转移支付规模占全国财政转移支付规模的比重（以下简称地方财政转移支付规模占比）这一相对指标替代地方财政转移支付规模这一绝对指标，以便于横向对比分析。其次，为了充分反映财政转移支付空间分布的变化特征，分别

---

① 1986 年中国第六届全国人民代表大会第四次会议通过的"七五"计划中，根据生产力发展水平和加快发展的条件，明确将中国划分为东部、中部和西部三个经济区。其中，中国东部地区包括北京、天津、河北、辽宁、上海、江苏、浙江、福建、山东、广东、海南 11 个省市；中部地区包括山西、吉林、黑龙江、安徽、江西、河南、湖北、湖南 8 个省市；西部地区包括四川、重庆（1997 年被设立为直辖市）、贵州、云南、西藏、陕西、甘肃、青海、宁夏、新疆、广西、内蒙古 12 个省市。

测算1995年和2020年的地方财政转移支付规模占比①，发现这一指标数值均不超过10%。最后，基于数据可比性，将0%~10%均分为五段，代表地方财政转移支付规模占比的五个等级，依次是：Ⅰ级（0%~2%]、Ⅱ级（2%~4%]、Ⅲ级（4%~6%]、Ⅳ级（6%~8%]和Ⅴ级（8%~10%]。

1995年财政转移支付建立初期，财政转移支付规模占比较大的省份细分为三种类型：一是少数民族聚集区，如内蒙古自治区、新疆维吾尔自治区和西藏自治区。1995年确定的过渡期转移支付包括政策因素转移支付和客观因素转移支付两种类型，其中政策因素转移支付专门用于帮助少数民族地区解决财政困难，以体现对民族政策的倾斜，因此少数民族聚集区获得的财政转移支付规模占比较大。二是东北老工业基地，如黑龙江省和辽宁省。这两个省份工业化程度较高，经过计划经济体制运行阶段后，20世纪90年代陷入体制僵化、国有企业资不抵债、职工下岗等困境。例如，1995年仅黑龙江一省企业亏损补贴就高达4.26亿元②，由于财源建设乏力，而养老、医疗等财政支出刚性上涨，地方财政陷入困境，因此对中央财政转移支付的依存度较高。三是东部经济发达省市，如上海市、广东省和山东省。这些省市经济实力较强，财力雄厚，拥有充足的自有资金实施财政转移支付资金配套，因此专项转移支付规模较大。1995年上海市、广东省和山东省获得专项转移支付41亿元，占全国专项转移支付总额的10.9%，这也是东部经济发达省份财政转移支付规模占比较大的重要原因。2020年地方财政转移支付规模占比的空间格局发生了巨大变化，财政转移支付资金更多地向中西部省份倾斜，如四川省、河南省、新疆维吾尔自治区、河北省、湖北省、安徽省、湖南省、广西壮族自治区、云南省、黑龙江省等，这些地区贫困人口较为集中，财政缺口较大，基本公共服务供给能力相对不足，因而成为财政转移支付的主要补助对象。

综上所述，对比1995年和2020年地方财政转移支付规模占比的空间

---

① 因为财政转移支付制度始于1995年，本书写作期间最新的全国财政决算数据截止到2020年，地区财政转移支付数据也只更新到2020年，为了尽可能展现财政转移支付空间分布的变化特征，由此选择1995年和2020年的数据开展分析。
② 数据来源于1996年黑龙江统计年鉴。

分布可以发现，财政转移支付构建初期，以弥补财政缺口为主要目的，财政转移支付资金分配较分散，均等化作用不明显，随着财政转移支付制度的逐步完善，财政转移支付资金使用的瞄准性不断增强，财政转移支付的功能定位日渐明晰，均等化功能日益凸显。

第二节 相对贫困的测度与时空分布

一、相对贫困的测度

（一）测度方法

相对贫困的测度是进行相对贫困研究和建立解决相对贫困长效机制的前提。随着经济社会的发展变迁以及人们对贫困问题认知的逐步深化，相对贫困的内涵不断丰富，实现了由经济贫困向非经济贫困的扩展。虽然不同时期相对贫困概念界定的终极目标具有一致性，即人类摆脱贫困的困扰，但所关涉到的相对贫困测度方法的选择却在不断发展变化。总的来说，相对贫困的测度方法可以概括为两类：一是经济贫困下的收入/消费贫困测度法；二是非经济贫困下的多维贫困测度法。

1. 经济贫困下的收入/消费贫困测度法

对贫困概念最早的界定基于经济视角，学者认为贫困是缺乏满足基本需要的手段，一般以经济福利水平为标准对贫困进行判定。在减贫的政策实践中，研究者通常使用单维经济指标（如收入或消费）作为评判标准，这一判定标准被称作"贫困线"，收入/消费位于贫困线之下为贫困。根据确定方法的不同，又分为绝对贫困线和相对贫困线两种类别，绝对贫困线是依据经济社会的发展情况设定一个满足"基本需求"的固定收入/消费水平值，而相对贫困线则是以收入/消费平均数或中位数的一定比例作为贫困标准，以此来识别相对贫困并制定生活救助标准。相较于绝对贫困线对生活极端贫困人群的识别和研究，相对贫困线更倾向于对低收入群体的识别和研究，在经济发展水平较高的国家中被广泛使用，并形成了一系列具有借鉴意义的经验。从国际实践看，具有代表性的欧洲国家普遍使用人均可支配收入中位数的50%或60%，大致相当于平均收入的40%或50%作为相对贫困线，世界银行则将相对贫困标准设定为社会平均收入的三分之一。相对贫困也常常被理解为收入不平等问题，一些国家也采用基尼系数来测度一个国家和地区的相对贫困状况。除此之外，国际上还存在按照总人口的一定比例识别贫困的办法，将处于收入低端的群体作为相对贫困人口进行帮扶，如美国将收入最低的10%~15%的群体确定为贫困人口，英国这一比例是18%，新加坡则为20%。

目前，我国进入相对贫困治理的新阶段，尽管理论上并未形成统一的相对贫困标准，但在一些经济发达地区已经基于经济贫困视角进行了相对贫困治理的实践探索：如2013年浙江省通过提高贫困标准进行相对贫困治理，将相对贫困标准提高至同期国家贫困标准的两倍，相对贫困线设置为家庭人均年收入4600元；2015年江苏省将相对贫困标准设定为人均年收入6000元，以消除物价指数的影响；广东省也将农村相对贫困线划定为年人均可支配收入4000元。总体而言，我国在相对贫困的探索和治理当中，相对贫困的测度并未完全参照国际上常见的中位收入比例法，而是从巩固拓展脱贫攻坚成果与乡村振兴有效衔接出发，将处于绝对贫困线以上，但收入仍然不高、发展能力仍然不足、抗风险能力仍然脆弱的群体确定为重点帮扶对象，从地区维度开展相对贫困的识别，这与相对贫困治理的逻辑思路相吻合。

2. 非经济贫困下的多维贫困测度法

随着贫困理论研究的不断深入，贫困的内涵也从经济学视角逐步扩展到社会学、发展学和政治学视角。社会学视角将贫困理解为社会排斥，其本质是缺乏平等的公民权利；发展学视角认为贫困可以用能力的被剥夺来加以识别，更关注弱势群体能力的缺失；政治学视角将贫困问题看作政治问题，聚焦于基本权力的被剥夺。由此可以看出，贫困不应被单纯刻画为收入水平上的经济贫困，还应包含各类非经济贫困，是一种多维贫困概念。正因为贫困内涵的拓展，相对贫困的概念也得以丰富，相对贫困是集经济贫困、权利贫困、能力贫困和制度贫困为一体的多维度被剥夺状态。因此，相对贫困的测量需要充分考虑不同类别的福利需求，关注人类多样化的社会需求，即相对贫困的测度方法相应地由收入贫困测度法发展为多维贫困测度法。

多维相对贫困测度的步骤通常分为四个方面：其一，确定反映不同活动能力的维度集，并选取映射指标；其二，获取所有个体在各维度的观测值以形成观测值矩阵；其三，定义各维度映射指标的剥夺阈值，进而获得剥夺矩阵；其四，确定各维度映射指标的权重，并计算所有维度上的总贫困剥夺得分，将其与相对贫困临界值对比以识别多维相对贫困。相较于收入贫困测度法，多维贫困测度法的关键在于确定相对贫困的维度集。从国际经验来看，1990年联合国将相对贫困的测度指标扩展至收入、教育和健康，并于2000年进一步扩展至10个方面；欧盟国家对社会贫富标准进行了重新设定，将反映家庭对抗风险的能力，吃穿住的保障能力，购买资本品的能力共计13项指标纳入测度体系，若有5项指标未达标准，则被列为相对贫困家庭；墨西哥、哥伦比亚、巴西等拉美国家在综合考虑收入、教育、就业等因素的基础上划定相对贫困线，以确保贫困人口充分融入社会，公平享受同等权利。

以上两类测度方法的根本性区别源自对福祉测度内容选择的差异。收入贫困测度法单纯从经济角度考虑，贴合相对贫困的概念，具有直观、简单、易操作等特点，是目前最为广泛运用的方法，但限于货币性收入并不能充分反映真实的生活状况，对相对贫困治理实践的指导存在一定的局限性。而多维贫困测度法不仅能从多维度评估相对贫困人口被剥夺的程度，而且有利于确定相对贫困治理政策进行干预的优先顺序，为政策制定提供更为明确的指导。然而，使用包含更多福祉内容的多维测度法衡量相对贫困也存在一定的难点，这主要体现在两个方面：一是大多数个体仅在部分维度上表现为相对贫困，在这种情况下，是否将其判定为相对贫困人口存在着较大的技术难度，对相对贫困的识别带来较大的挑战，同时也在一定程度上降低了该种测度方法的客观性和科学性；二是更多维度的测量意味着更多的福祉测度内容，其中不可避免地包含一些不可量化的维度指标，这势必造成统计测度的误差叠加，导致相对贫困个体的错误识别。由此，实践中相对贫困测度方法的选择应该综合考虑测度的目的性、数据的可得性以及方法的可操作性等。

(二) 测度指标

贫困测度指标是对贫困信息的集中性体现，有助于更好地把握贫困的变动情况和趋势。依据相对贫困不同的测度方法，其测度指标大致可以分为收入贫困测度指标与多维贫困测度指标。

1. 收入贫困测度指标

收入贫困测度指标主要从收入类货币指标出发，捕获相对贫困人口的经济状况。目前，相对贫困研究中使用较多的收入贫困测度指标主要包括相对贫困发生率、基尼系数、FGT贫困指数。

相对贫困发生率是指被识别为相对贫困人口占总人口的比例。假定人口总量为 n，其中，第 i 个个体的收入为 y_i，令 $Y=(y_1, y_2, y_3 \cdots\cdots y_n)$ 是个体收入按非递减的顺序排列的向量。设相对贫困线为 z，当 $yi \leq z$ 时，则 i 被视为相对贫困人口，依照此办法识别出相对贫困群体总量为 q，其占人口总量的比例表示为：$H = q/n$，即相对贫困发生率。相对贫困发生率反映了相对贫困现象的社会广度，因其具有简单、直观、操作性强等优点，被大众普遍接受，成为目前应用最广泛的测度指标，但该指标无法测度相对贫困群体内部的收入分配状况。

相对贫困的核心是"相对剥夺"，其自身的相对性决定了相对贫困往往与收入分配相关，即社会群体间收入差距的拉大引致相对贫困的产生。基于这一特性，相对贫困的测度可以使用反映社会收入分配差距的基尼系数来衡量。通过拟合洛伦兹曲线来计算基尼系数，是一种能够对收入分配状况进行直接测度的简单且有效的方法。理论上的做法是先测算收入分配的概率密度函数 $f(x)$，从中导出洛伦兹曲线 $L(P)$，然后通过积分运算求得曲线下的面积值：$B = \int_0^1 L(P)dx$，最后求得基尼系数为：$G = 1 - 2\int_0^1 L(P)dx = 2\int_0^1 (P - L(P))dx$。基尼系数可以较为直观地反映并监测群体间的收入分配差距，但计算方法相对复杂，且无法测度社会中相对贫困的广度，在识别相对贫困人口方面具有局限性。

FGT贫困指数是由Foster等（1984）提出的进行贫困测度的一种公理性指数，其公式定义为：$FGT_\alpha = \frac{1}{N} \sum_{i=1}^{q} \left(\frac{z-y_i}{z}\right)^\alpha$，N表示总人口，z表示相对贫困线，$y_i$表示第$i$个个体的收入，$q$表示收入位于相对贫困线下的人口数量，$\alpha$代表社会贫困厌恶系数（$\alpha \geq 0$）。在贫困研究中，$\alpha$常用的取值为0、1和2，当$\alpha = 0$时，$FGT_0 = \frac{q}{N}$，简称相对贫困发生率，是一种相对贫困规模测度；当$\alpha = 1$时，$FGT_1 = \frac{1}{Nz} \sum_{i=1}^{q} (z-y_i)$，简称人均相对贫困距，反映总体中相对贫困人口与贫困线的相对收入差距的平均水平，表示相对贫困人口的人均贫困程度，是对相对贫困深度的测度；当$\alpha = 2$时，$FGT_2 = \frac{1}{N} \sum_{i=1}^{q} \left(\frac{z-y_i}{z}\right)^2$，可称作加权相对贫困距，是对相对贫困强度的测度。目前，对于FGT_0、FGT_1和FGT_2贫困指数的计算已成为实践标准，可以较为全面地评判相对贫困的广度、深度和强度状况，不仅将多种单一贫困测度指标的功能融为一体，而且具有可分解性，极大地增强了相对贫困测度的针对性。但是，FGT贫困指数缺乏直觉性，且α的最优取值也很难确认，因而限制了其应用（张建华、陈立中，2006）。

2. 多维贫困测度指标

相对贫困不仅表现为收入视角的"相对剥夺"，还体现在社会学、发展学和政治学等维度，具体表征为健康、教育、基本权利、个人能力和社会资源等多维度的被剥夺。随着贫困的多维性越来越受到关注，多维贫困测度指标也逐渐被用于各国贫困监测的实践。2011年Alkire和Foster共同提出了A-F多维贫困测度方法，构建的多维贫困指数（MPI）得到广泛的运用[①]。A-F测度方法的主要创新之处在于采用"双重识别"的方法对相

---

① ALKIRE S, FOSTER J. Counting and Multidimensional Poverty Measurement [J]. Journal of Public Economics, 2011, 95 (7): 476-487.

对贫困个体进行甄别,第一重是利用单一维度指标对个体的贫困状况进行辨识,评判标准是单个维度指标的剥夺临界值,据此判定个体在该维度指标上是否处于相对被剥夺状态;第二重是将第一重识别的结果进行综合考虑,评判标准是多维临界值,当个体被剥夺的总维度数高于多维临界值时,就可判断该个体在综合的多维度上处于相对贫困状态。具体操作步骤包括以下四个方面:

步骤一,定义 $X = [x_{ij}]$ 为 $n \times d$ 维矩阵。单个元素 x_{ij} 表示个体 $i(i = 1, 2, \cdots\cdots, n)$ 在维度 $j(j = 1, 2, \cdots\cdots, d)$ 上的取值,令 z_j 代表第 j 个维度上相对贫困的剥夺临界值,故 $Z = [z_j]$ 为特定维度临界值的行向量。对于任何矩阵 X,可以定义一个剥夺矩阵: $g^0 = [g_{ij}^0]$,其矩阵元素 g_{ij}^0 具体为:
$$g_{ij}^0 = \begin{cases} 1, & x_{ij} < z_j (\text{表示个体 } i \text{ 在维度 } j \text{ 上出现相对被剥夺}) \\ 0, & x_{ij} \geq z_j (\text{表示个体 } i \text{ 在维度 } j \text{ 上未出现相对被剥夺}) \end{cases}$$

步骤二,进行个体多维度贫困的第二重识别。其识别的依据是对每个维度或指标赋予特定的权重,记 w_j 为维度 j 的权重,有 $\sum_{j=1}^{d} w_j = 1$。针对剥夺矩阵 g^0,个体 i 遭受相对剥夺的加权总维度数记为 $c_i = \sum_{j=1}^{d} w_j g_{ij}^0 (0 < c_i < 1)$,设定多维临界值为 k,并定义第二重识别函数为: $\rho_k(x_i, z) = \begin{cases} 1, & c_i \geq k (\text{个体 } i \text{ 识别为相对贫困个体}) \\ 0, & c_i < k (\text{个体 } i \text{ 不识别为相对贫困个体}) \end{cases}$,并记多维相对贫困总人口为 q。

步骤三,在多维相对贫困个体识别的基础上,进行相对贫困人口的加总以测算多维贫困指数。当某个体被定义为相对贫困人口后,其被剥夺维度总数的增加对贫困发生率没有影响,故用相对贫困人口的平均剥夺份额 A 对相对贫困发生率 H 进行修正,得到多维贫困发生率 $MPI = H \cdot A$。其中, $H = q/n$,表示相对贫困发生率; $A = \sum_{i=1}^{q} c_i(k)/(q \times d)$,表示相对贫困个体所受的平均剥夺份额。

步骤四,对非相对贫困个体的剥夺值进行归零处理。将原剥夺矩阵 g^0 中非相对贫困人口的剥夺值清零,得到新的剥夺矩阵 $g^{0'}$,再将多维贫困指数按照各维度进行分解，计算各维度对相对贫困的贡献率，公式表示为：维度 j 的贡献率 = $(w_j \cdot \sum_{i=1}^{n} g_{ij}^{0'})/MPI$。

A-F方法不仅有利于拓宽人类对相对贫困的理解，而且能够为相对贫困治理提供瞄准度更高、效果更好的分类救助措施。但目前使用A-F方法对相对贫困进行测度仍然面临三个方面的问题：一是反映相对贫困不同特征的维度指标难以统一，相互关系难以界定；二是各维度指标的权重确定难度较大；三是在实际测度中，维度指标的数据可及性较小。

（三）本书相对贫困衡量指标的选定

相对贫困指标的选取关系到相对贫困状况的准确描述，构成相对贫困治理效果评判的标准，是研究相对贫困问题的重要环节。基于相对贫困测度指标中的相对贫困发生率无法反映相对贫困群体内部的收入分配状况，基尼系数不能测度一个社会中相对贫困群体的比率，FGT贫困指数的直观解释性较弱，而多维贫困指数MPI主要适用于微观层面的相对贫困测度，因此有必要构建直观、全面且适用于中观数据的相对贫困衡量指标。需要指出的是，考虑到中观层面构建多维相对贫困指标的困难性，本书仍基于经济贫困视角设定相对贫困测度指标。

本书借鉴李永友和沈坤荣（2007）的做法，使用相对贫困指数这一复合指标（RPI）对相对贫困进行测度。具体做法为：首先，用40%最高收入组的加权收入与60%低收入组的加权收入的比值来衡量相对贫困程度（RPL）；其次，将位于社会平均收入水平60%以下的人口数量占社会总人口数量的比值定义为相对贫困发生率（RPE）；最后，使用相对贫困指数（相对贫困发生率与相对贫困程度的乘积）衡量相对贫困状况，指数值越大，表示相对贫困状况越严峻。公式表示为：

$$RPL = (\frac{1}{n-m+1}\sum_{i=m}^{n} y_i)/(\frac{1}{m-1}\sum_{i=1}^{m-1} y_i) \quad (3-1)$$

$$RPE = \sum_{i=1}^{n} q_i/n (当 y_i < \sum_{i=1}^{n} y_i \times 60\% 时, q_i = 1, 否则 q_i = 0) \quad (3-2)$$

$$RPI = RPL \times RPE \tag{3-3}$$

其中，y_i表示第i个个体的收入，n表示总人口，m表示按收入水平由低到高排列的40%最高收入组中最低收入成员在总人口中的排序。

本书之所以选择该测度指标，主要原因在于：第一，相对贫困往往以社会平均生活水平为参照，用于刻画贫困群体因收入分配不均在社会福利各方面处于相对被剥夺的状态，其自身具有相对性，而相对贫困指数（RPL）考虑了相对贫困的这一特征。第二，随着2020年我国现行标准下的绝对贫困问题得以根本性解决，贫困治理进入以相对贫困为核心的新阶段，当前贫困治理工作的重点在于尽快明确全国乃至各地相对贫困的广度，而相对贫困指数设计中包含了相对贫困发生率（RPE），便于明确相对贫困的广度。第三，相对贫困指数是一个复合指标，在数学形式上具有可乘性，可分解为相对贫困程度指标和相对贫困发生率指标，不仅简单、直观，而且满足了Sen（1976）构建的贫困指数公理化准则的单调性和转移性，较易理解，直观感觉性较强。第四，本书重点在于分析财政转移支付影响相对贫困的传导机制，目的是构建相对贫困治理的长效机制，而相对贫困的治理要遵循"片区→县→村→户"的基本逻辑，通过逐步完善瞄准机制提高治理的效率，因此如何提高地区相对贫困治理效率是本阶段脱贫攻坚工作的逻辑起点。相对贫困指数（RPL）突破了微观家计调查数据无法测度地区相对贫困状况的局限性，通过省级收入分组数据对地区相对贫困状况加以测度，在此基础上分析财政转移支付对相对贫困的影响，这与相对贫困治理的逻辑思路相吻合。第五，欧盟国家在实践中也通常使用相对贫困发生率测度相对贫困，本书中相对贫困指数不仅包含了相对贫困线，还进一步引入了相对贫困程度，既符合国际趋势，又丰富了指标的内涵。

（四）数据说明

本书运用公式（3-1）—（3-3）进行相对贫困指数测算时，选用的原始数据为国家和省的城乡居民收入分组数据，相较于家计调查数据，使用国家以及省级收入分组数据测算的相对贫困指数，虽然不能全方位地刻画社会成员的真实心理感受,也不能反映收入结构差异对群体分组结果的影响,但统计分组数据仍包含了相对贫困的主要信息,能够反映出收入在社会不同群体之间的一个大致分布状况[①]。此外,鉴于统计年鉴中的收入分组数据是按照城镇和农村分别列示的,没有给出城乡统一情况下的收入分组数据,为了避免数据合并过程中出现信息遗漏问题,本书对相对贫困指数的测度也分开进行,即分别度量城镇和农村两个层面的相对贫困指数[②]。国家统计年鉴中关于收入分组数据的报告最早始于2001年,因此运用2001—2020年的《中国统计年鉴》数据对2000—2019年的城镇和农村相对贫困指数进行测度。同时,省统计年鉴中关于收入分组数据的报告普遍开始于2006年,2019年之后一些省份(如河北省、陕西省)不再公布收入分组数据,因此利用2006—2019年的省统计年鉴数据对2005—2018年的城镇和农村相对贫困指数进行测度。

二、相对贫困的时序演变

(一)全国层面

随着扶贫政策的不断推进,我国扶贫事业取得了显著的成效,并于2020年消除了绝对贫困,但绝对贫困在统计意义上的消失并不意味着反贫困的终结,2020年后我国进入以相对贫困为主要表现形式的"后扶贫时代",此时明确相对贫困的分布特征以寻求相对贫困治理措施为当务之急。

图3-5展示了全国层面相对贫困发生率的时序演变情况。从图3-5中可以看出,全国的相对贫困发生率呈现先下降、再上升、再下降的趋势,2018年这一指标值达到顶点,相对贫困人口占到总人口的比例高达45.84%,比2015年的最低值43.46%上升了2.38个百分点,整体上全国的相对贫困人口占比在高位上稳步上升。农村相对贫困发生率总体上则呈

[①] 李永友,沈坤荣.财政支出结构、相对贫困与经济增长[J].管理世界,2007(11):14-26+171.

[②] 囿于2014-2020年中国统计年鉴报告了全国的收入分组数据,因此本书还对2013-2019年全国相对贫困指数进行了测度,以全面了解我国的相对贫困现状。

现波动增长态势，最小值和最大值分别出现在 2008 和 2018 年，分别为 34.72%和 41.30%，总的增长率达到 18.94%，但年均增长率仅为 0.31%。相较于农村的波动增长态势，城镇的相对贫困发生率则表现出稳步增长的势头，2000 年城镇相对贫困发生率仅为 28.53%，2019 年扩大为 37.56%，年均增长率为 1.46%，是农村年均增长率的 4.74 倍。

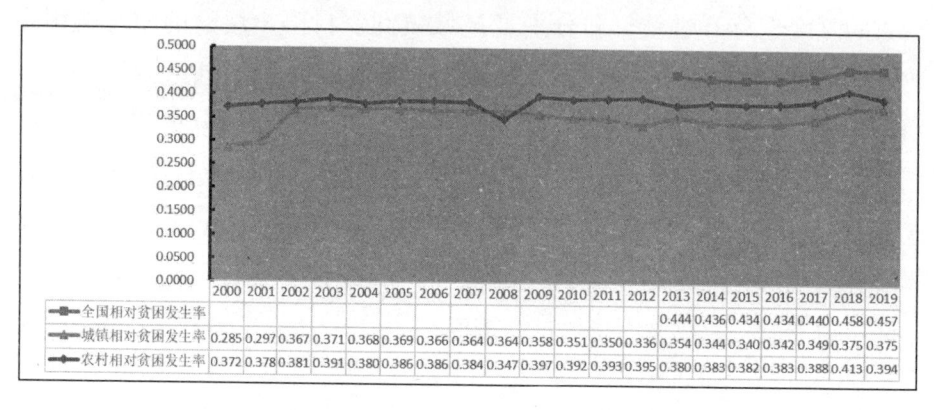

	2000	2001	2002	2003	2004	2005	2006	2007	2008	2009	2010	2011	2012	2013	2014	2015	2016	2017	2018	2019
全国相对贫困发生率														0.444	0.436	0.434	0.434	0.440	0.458	0.457
城镇相对贫困发生率	0.285	0.297	0.367	0.371	0.368	0.369	0.366	0.364	0.364	0.358	0.351	0.350	0.336	0.354	0.344	0.340	0.342	0.349	0.375	0.375
农村相对贫困发生率	0.372	0.378	0.381	0.391	0.380	0.386	0.386	0.384	0.347	0.397	0.392	0.393	0.395	0.380	0.383	0.382	0.383	0.388	0.413	0.394

图 3-5　相对贫困发生率的时序演变图

数据来源：根据 2001—2020 年《中国统计年鉴》中的收入分组数据计算得到。

总体来看，一方面，与绝对贫困发生率逐年下降的趋势相反，相对贫困发生率无论是农村样本、城镇样本，还是全国样本都呈现上升趋势，这意味着相对贫困人口的规模不断扩大，相对贫困问题日益严重；另一方面，城镇和农村混合样本下的相对贫困发生率最高，农村样本次之，城镇样本最小。究其原因，可能是农村中低收入群体较多，且收入差距较大，而城镇的收入分布相对更为均匀。在使用全国样本、相对贫困设定的标准未发生变化，即仍为平均收入 60%的情况下，所形成的相对贫困线比单纯只核算农村样本时要高，这说明更多的农村低收入人群已进入相对贫困群体，从而拉升了全国的相对贫困发生率。

相对贫困程度反映了 40%最高收入组的加权收入与 60%低收入组的加权收入之间的差距，图 3-6 给出了全国层面相对贫困程度的时序演变情况。由图 3-6 可知，全国相对贫困程度曲线与全国相对贫困发生率曲线的变化趋势相似，由 2013 年的 3.62 下降为 2015 年的 3.46，后又上升为

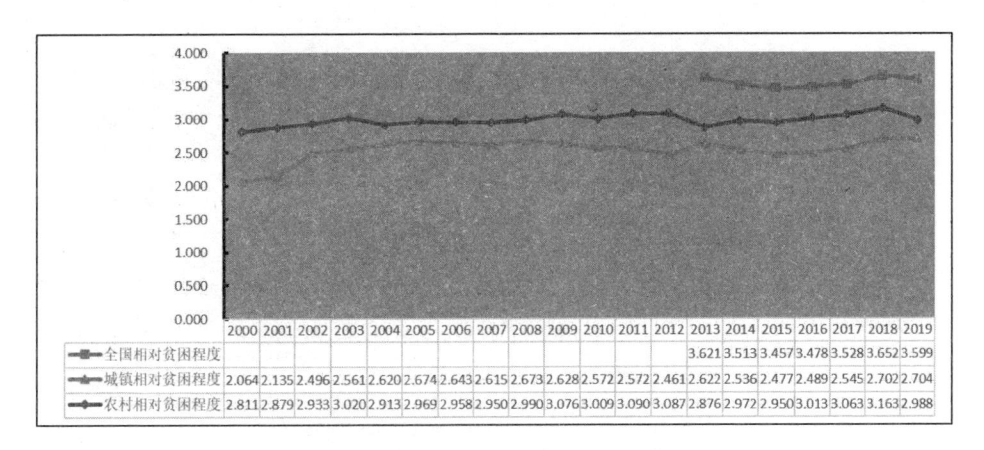

	2000	2001	2002	2003	2004	2005	2006	2007	2008	2009	2010	2011	2012	2013	2014	2015	2016	2017	2018	2019
全国相对贫困程度														3.621	3.513	3.457	3.478	3.528	3.652	3.599
城镇相对贫困程度	2.064	2.135	2.496	2.561	2.620	2.674	2.643	2.615	2.673	2.628	2.572	2.572	2.461	2.622	2.536	2.477	2.489	2.545	2.702	2.704
农村相对贫困程度	2.811	2.879	2.933	3.020	2.913	2.969	2.958	2.950	2.990	3.076	3.009	3.090	3.087	2.876	2.972	2.950	3.013	3.063	3.163	2.988

图 3-6　相对贫困程度的时序演变图

数据来源：根据 2001—2020 年《中国统计年鉴》中的收入分组数据计算得到。

2018 年的 3.65，2019 年又降为 3.60，呈现先降后升再降的阶段性变化。农村相对贫困程度的变化虽存在一定的波动，但波动幅度有限，整体上一直处于一个相对较高的水平。比较而言，城镇相对贫困程度则存在明显的上升趋势，2000 年该数值为 2.06，2019 年增长到 2.70，增长率为 31.01%，这表明城镇内部不同群体间收入差距不断增大，相对贫困程度加剧。除此之外，城镇和农村混合样本下相对贫困程度数值最大，农村次之，城镇最小，表明城乡间收入差距较为严重，虽然农村内部收入差距程度比城镇内部更为严重，但城镇内部相对贫困程度加重的速度更快。

图 3-7 呈现了全国层面相对贫困指数的时序演变情况。从图 3-7 中可知，城镇、农村和全国的相对贫困指数整体上都呈现出波动上升的趋势，且该数值在全国层面最大，城镇层面最小。具体来看，全国的相对贫困指数在 2013—2015 年出现小幅回落之后，随之逐年攀升，并于 2018 年达到峰值 1.67，实现了 2013—2019 年间最大涨幅 7.78%。城镇相对贫困指数也从 2000 年的最小值 0.59 逐渐上升为 2019 年的最大值 1.02，年均增长率为 2.91%。农村的相对贫困指数虽然在总体水平上比城镇指数高，但上升的幅度有限，从 2000 年的 1.05 提高到 2019 年的 1.18，年均增长率仅为 0.63%。以上分析说明相对贫困问题逐步趋于恶化，同时结合图 3-5 和图 3-6，从相对贫困指数的分解中可以看出，造成相对贫困指数持续上升的

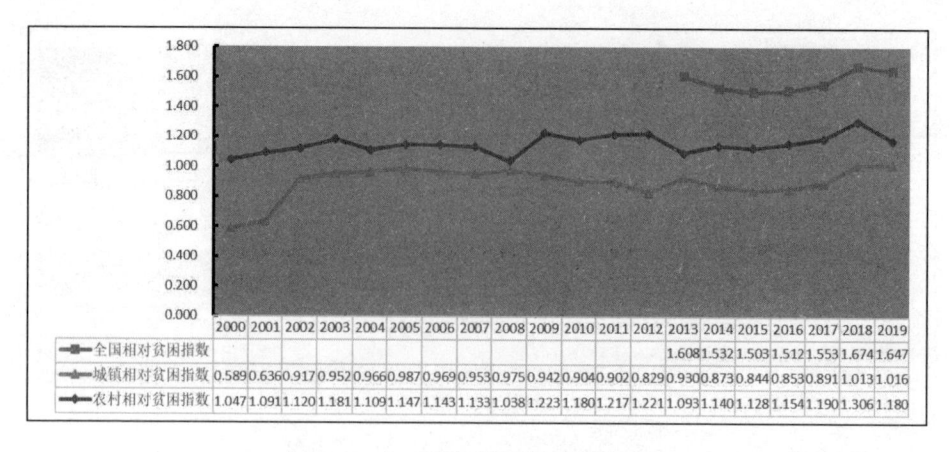

图 3-7 相对贫困指数的时序演变图

数据来源：根据 2001—2020 年《中国统计年鉴》中的收入分组数据计算得到。

原因不仅来自相对贫困程度的加剧，也源自相对贫困发生率的增长，二者共同作用推动了相对贫困问题的恶化。此外，尽管农村相对贫困指数增长的速度慢于城镇，但农村内部相对贫困状况相较于城镇更为严峻。

（二）省域层面

为了分析相对贫困指数在省域层面上的整体变动趋势，本书进一步测算省域层面的相对贫困指数，表 3-2 展示了 2005—2018 年我国城镇和农村相对贫困指数的变化情况。结果显示，无论是城镇样本，还是农村样本，相对贫困指数在整体上均呈现波动上升的趋势，这与全国层面的测度结果类似，说明不仅全国层面的相对贫困状况日益恶化，省域层面的相对贫困态势也不容乐观，相对贫困成为继绝对贫困之后脱贫攻坚工作面临的又一亟待解决的难题。

表 3-2 2005—2018 年城镇和农村相对贫困指数

	2005		2008		2011		2014		2016		2018	
	城镇	农村	城镇	农村	城镇	农村	城镇	农村	城镇	农村	城镇	农村
北京	0.710	0.963	0.851	0.905	0.772	0.711	0.698	0.612	0.792	0.625	0.964	0.837

续表

	2005		2008		2011		2014		2016		2018	
	城镇	农村	城镇	农村	城镇	农村	城镇	农村	城镇	农村	城镇	农村
天津	0.968	——	0.843	——	0.654	——	——	——	——	——	——	——
河北	0.606	0.673	0.704	0.599	0.684	0.483	0.730	0.697	0.743	0.552	0.974	0.774
山西	0.773	0.730	0.761	0.755	0.783	0.851	0.973	0.741	0.940	0.679	0.885	0.666
内蒙古	0.664	0.660	0.716	0.487	0.716	0.906	1.024	1.701	0.933	1.292	0.965	1.487
辽宁	0.849	0.711	1.005	0.612	0.878	0.774	0.904	0.662	0.697	0.883	0.968	0.931
吉林	0.603	——	0.728	——	0.751	——	0.484	——	0.535	——	0.785	——
黑龙江	1.097	0.696	1.096	1.147	0.825	1.421	0.791	1.304	0.818	1.282	0.815	1.280
上海	0.531	0.807	0.872	0.714	0.751	0.611	0.710	0.503	0.728	0.658	0.772	0.732
江苏	1.170	0.708	0.993	0.999	0.890	1.231	1.095	1.184	0.968	1.035	1.074	1.183
浙江	0.986	1.166	1.030	1.087	0.926	1.121	0.832	0.879	0.621	0.634	0.611	0.653
安徽	0.534	0.551	0.653	0.513	0.543	0.463	0.868	0.654	0.854	0.572	1.050	0.537
福建	0.890	1.092	0.953	1.045	1.025	0.978	0.807	0.854	0.761	0.877	0.985	0.959
江西	0.518	0.721	0.489	1.008	0.546	1.021	0.761	1.079	0.719	1.149	1.166	1.447
山东	——	——	——	——	——	——	——	——	——	——	——	——
河南	0.657	0.801	0.667	0.895	0.610	0.977	0.508	0.958	0.712	0.997	0.909	1.023
湖北	0.695	0.634	0.854	0.658	0.780	0.628	0.800	0.922	0.958	0.994	1.292	1.021
湖南	0.903	0.512	——	——	——	——	——	——	——	——	1.120	1.021
广东	1.319	1.032	1.213	0.907	1.037	1.028	0.828	0.794	0.841	0.682	1.177	1.045

续表

	2005		2008		2011		2014		2016		2018	
	城镇	农村	城镇	农村	城镇	农村	城镇	农村	城镇	农村	城镇	农村
广西	0.822	0.517	0.719	0.682	0.756	0.913	0.947	0.875	0.862	0.696	0.986	0.806
海南	1.080	1.259	1.006	1.127	0.967	1.119	1.135	1.139	1.124	1.143	1.285	1.658
重庆	0.525	0.692	0.425	0.837	0.601	0.740	0.643	0.740	0.591	0.669	0.686	0.773
四川	0.902	0.680	0.803	0.553	0.706	0.582	1.007	1.003	0.978	1.062	0.996	1.617
贵州	0.870	0.870	0.762	1.231	0.821	0.881	0.783	0.861	0.860	1.031	1.234	1.495
云南	0.751	——	0.857		0.755		0.813		0.773		0.935	
西藏	0.350	0.322	0.554	——	0.512		0.480		0.351		1.250	1.067
陕西	0.886	0.646	0.658	0.680	0.797	0.798	0.904	1.109	0.882	1.150	1.084	1.153
甘肃	0.661	0.683	0.823	1.020	0.682	1.079	0.553	0.965	0.705	1.350	1.020	1.629
青海	0.964	0.674	1.535	0.895	1.523	0.767	1.102	0.957	1.101	0.918	1.112	0.778
宁夏	0.968	——	1.011		0.893		1.438		1.303		1.420	——
新疆	0.861	1.364	0.824	1.276	0.768	1.732	0.647	1.696	0.712	1.931	1.038	2.173

注：表3—2中"—"代表缺失值，同时为了避免出现表格过于冗长的问题，表中只展示部分年份数据。

数据来源：根据2006—2019年省统计年鉴中的收入分组数据计算得到。

从省域层面城镇与农村相对贫困指数的时序演变情况来看，除了天津、山东、湖南、云南、西藏、宁夏、吉林因为数据不全而无法进行统计外，其余省份中城镇与农村相对贫困指数对比的结果大致可以归纳为两种情形：

一是城镇相对贫困指数普遍高于农村相对贫困指数，属于这种情形的包括北京、河北、山西、上海、辽宁、安徽、湖北、广东、四川、广西和青海。其中，北京和上海2020年末城镇人口比重分别达到87.55%和89.30%，较高的城镇化率促使相对贫困更表现为城镇居民间的收入差距[1]。而河北、山西、辽宁、安徽、湖北、广东、四川、广西、青海城镇相对贫困指数较高的原因可能在于，以上省的发展往往集中表现为某一个或几个中心城市的繁荣，或者集中全省资源打造单个亮点城市，都市圈、城市群的发展模式并不成熟，使中心城市以外的其他城市发展动力不足，省内部各城市间的经济发展不平衡[2]，城镇相对贫困指数较高，以至于超过了农村的相对贫困指数。以广东省为例，2020年广东省城镇居民人均可支配收入排名第一的广州市是排名最后潮州市的2.58倍，而同期农村居民可支配收入的相应数据仅为1.81倍[3]，省内城镇居民收入差距大于农村收入差距是城镇相对贫困指数高于农村相对贫困指数的重要原因。

二是农村相对贫困指数普遍高于城镇相对贫困指数，属于这种情形的省市包括内蒙古、黑龙江、江苏、浙江、福建、江西、河南、海南、贵州、陕西、甘肃、重庆和新疆。究其原因，以上省份大部分位于自然条件相对恶劣、经济发展相对落后的地区，区域内农村远离经济中心，获得工业经济辐射的机会较少，物质资本及人力资本较为匮乏，创收能力不足，加之这些省份中贫困县数量合计占全国总数的一半左右[4]，较高的绝对贫困人口不仅拉升了相对贫困指数，也加剧了农村内部相对贫困程度，致使农村相对贫困指数普遍高于城镇相对贫困指数。

为了进一步分析省域层面相对贫困指数的时间变化特征，表3-3展示了从2005—2018年城镇和农村相对贫困指数的描述性统计分析结果。农村相对贫困指数极差变化路径大致分为两个阶段：一是2005—2008年极差值由1.04下降为0.79，二是2008年之后逐步上升至1.64，这说明农村相对贫困的两极差异较为明显，且有逐步扩大趋势。为了保障粮食安全和

---

[1] 数据来源于2021年中国统计年鉴。
[2] 搜狐城市. 特大城市过度集聚 都市圈培育不足，中国城镇空间格局该如何优化？[EB/OL]. 搜狐网，2020-11-18.
[3] 根据2021年广东省统计年鉴数据整理得到。
[4] 根据2016年全国592个国家级贫困县名单整理得到。

缩小城乡收入差距，2004—2009年政府连续出台六个一号文件，通过取消农业税和实行"四大直补"① 政策达到实现粮食增产、农民增收的目的，因此2005—2008年农村相对贫困指数的极差呈现下降趋势。然而，随着中国工业化进程的加快，以及粮价市场化机制的不完善，工农产品间的价格剪刀差日益扩大，粮价的上涨幅度滞后于农资等工业品价格的上涨幅度，农村优质劳动力资源普遍流向回报率更高的工业和第三产业。受外出打工收入与务农收入差距因素的影响，农村相对贫困指数两极化矛盾更加突出，这是2008年之后农村相对贫困指数的极差逐渐拉大的原因所在。

比较而言，城镇相对贫困指数极差变化相对平稳，变化幅度有限。标准差和变异系数分别代表了省域间的绝对差距和相对差距，城镇与农村相对贫困指数的标准差和变异系数均呈现波动增长的趋势，这表明省与省之间的相对贫困指数无论在绝对差距还是相对差距方面都出现了扩大的态势。对比城镇与农村相对贫困指数标准差和变异系数的值发现，农村的数值均高于城镇数值，说明农村的相对贫困差异更为突出，农村地区仍然是未来相对贫困治理的主要瞄准对象。

表3-3 2005—2018年城镇和农村相对贫困指数的描述性统计分析

年份	类别	最大值	最小值	极差	标准差	变异系数
2005	城镇	1.319	0.350	0.969	0.218	0.270
	农村	1.364	0.322	1.043	0.235	0.302
2006	城镇	1.304	0.408	0.896	0.216	0.269
	农村	1.384	0.530	0.854	0.229	0.276
2007	城镇	1.290	0.456	0.834	0.232	0.292
	农村	1.383	0.459	0.924	0.243	0.286

① "四大直补"包括粮食直补、农资综合直补、良种补贴和农机购置补贴。

续表

年份	类别	最大值	最小值	极差	标准差	变异系数
2008	城镇	1.535	0.425	1.110	0.218	0.256
	农村	1.276	0.487	0.789	0.228	0.265
2009	城镇	1.339	0.345	0.994	0.206	0.253
	农村	1.405	0.484	0.922	0.212	0.236
2010	城镇	1.244	0.226	1.018	0.208	0.271
	农村	1.498	0.409	1.089	0.236	0.267
2011	城镇	1.523	0.512	1.011	0.238	0.308
	农村	1.732	0.463	1.269	0.287	0.316
2012	城镇	1.208	0.388	0.819	0.168	0.232
	农村	1.580	0.418	1.162	0.246	0.279
2013	城镇	1.212	0.460	0.752	0.178	0.218
	农村	1.680	0.580	1.099	0.299	0.325
2014	城镇	1.438	0.480	0.957	0.213	0.256
	农村	1.701	0.503	1.198	0.291	0.307
2015	城镇	1.099	0.384	0.715	0.159	0.202
	农村	1.657	0.526	1.131	0.284	0.295
2016	城镇	1.303	0.351	0.951	0.189	0.233
	农村	1.931	0.552	1.380	0.310	0.322

续表

年份	类别	最大值	最小值	极差	标准差	变异系数
2017	城镇	1.327	0.395	0.933	0.193	0.230
	农村	2.150	0.558	1.592	0.342	0.337
2018	城镇	1.420	0.611	0.809	0.242	0.236
	农村	2.173	0.537	1.636	0.369	0.339

数据来源：根据2006—2019年省统计年鉴中的收入分组数据计算得到。

三、相对贫困的空间分布

根据相对贫困指数的取值范围，等分最小值（0.322）与最大值（2.173）间的距离，依据数值大小将相对贫困状况划分为四个等级，分别是Ⅰ级（0.322-0.785）、Ⅱ级（0.786-1.248）、Ⅲ级（1.249-1.711）和Ⅳ级（1.712-2.173）。

2005年城镇相对贫困问题并不十分突出，除了广东省属于Ⅲ级相对贫困类型外，其他省基本处于Ⅰ级和Ⅱ级贫困状况。具体而言，Ⅱ级相对贫困区域绝大多数位于西部和东部地区，中部省份则基本属于Ⅰ级相对贫困类型。原因是东部省份最早分享到改革红利，市场化程度高，城镇居民除了工资性收入之外，经营性收入、财产性收入和转移性收入也占较高比重。2005年东部地区城镇居民可支配收入中，非工资性收入占比均值为34.87%，高于中部地区的33.84%[①]，要素禀赋的差异性促使城镇居民的收入差距扩大，因此相对贫困等级高于以工资性收入为主的中部省份。而西部省份深居内陆，经济发展水平低，自然条件恶劣，贫困人口规模大，相对贫困发生率比重较高，因此相对贫困的等级自然比中部省份高。

与2005年相比，2018年我国城镇中Ⅱ级和Ⅲ级相对贫困区域整体呈扩大趋势。具体来看，由Ⅰ级上升到Ⅱ级相对贫困类型的有内蒙古、河北、北京、山西、河南、安徽、江西和甘肃，由Ⅱ级上升到Ⅲ级的包括宁

---

① 数据来源：根据2006年中国统计年鉴数据计算得出。

夏、贵州和海南,由Ⅰ级直接跨越到Ⅲ级的主要是湖北和西藏,只有浙江、广东、云南和陕西的相对贫困等级下降,其余省的相对贫困等级保持不变。通过2005年和2018年城镇相对贫困空间分布的对比可以得出结论,城镇相对贫困的等级普遍升高,城镇相对贫困的状况日益恶化。

对比2005—2018年农村相对贫困指数的空间分布情况可以发现,2005年农村相对贫困状况较为乐观,甚至好于同时期城镇的表现,除了新疆的相对贫困等级为Ⅲ级外,其余省份均处于Ⅰ、Ⅱ级。但随着时间的推移,2018年农村相对贫困状况急剧恶化,首先,新疆成为首个出现Ⅳ级的相对贫困类型省份;其次,相较于城镇,农村相对贫困等级跨级攀升的省份数量较多,包括黑龙江、内蒙古、甘肃、四川、江西和海南;最后,浙江省相对贫困等级由Ⅱ级降为Ⅰ级,其他省要么保持原有的等级状态,要么上升一个等级。综上所述,无论是城镇还是农村,相对贫困状况均呈现出日渐恶化的态势,这也凸显了当前常态化消除相对贫困的重要性。

第四章

财政转移支付影响相对贫困的机制检验：
基本公共服务均等化

基本公共服务是人类基本生存条件的重要组成部分，也是影响相对贫困的重要因素，贫困人群因基本公共服务供给不足、发展不均衡失去公平发展的机会，是相对贫困产生的重要制度性根源。财政转移支付以实现地区间基本公共服务均等化为主旨，是推进基本公共服务均等化，进而缓解相对贫困的重要手段。由此财政转移支付是否通过基本公共服务均等化作用于相对贫困就是一个值得深入探讨的问题。为此，本章首先进行理论分析并提出研究假设，然后构建计量模型进行实证分析，并在此基础上开展异质性和稳健性检验，同时拓展探讨财政转移支付通过基本公共服务均等化影响相对贫困的结构性差异。

第一节 理论分析与研究假设

一、基本公共服务均等化影响相对贫困的机制

相对贫困是一种基于基本公共服务供给不充足、不均衡的发展型贫困，构建解决相对贫困长效机制的关键在于构建以基本公共服务均等化为核心的保障机制（胡志平，2021），基本公共服务均等化与相对贫困的内在逻辑体现在以下三个层面：

一是兜底性基本公共服务对巩固脱贫攻坚成果有重要保障作用。尽管现阶段绝对贫困问题已解决，但因为社会风险的存在，社会成员尤其是相

对贫困人口更容易在面临风险冲击时返贫或陷入深度贫困状态，而且在大多数情况下，个体无法依靠自身力量化解风险，这就需要社会化的基础制度安排。而保障困难群体、弱势群体的生存权益，推动困难群体摆脱贫困，是基本公共服务均等化的重要内容（李实、杨一心，2022）。

二是基本公共服务均等化是推动经济发展与共享发展成果的重要手段。基本公共服务供给一方面可以减少贫困群体的生活成本和压力，刺激消费，另一方面能够加速人力资本的积累，增强社会创新能力，进而成为驱动经济发展的动力。此外，基本公共服务的供给还能够防范贫富群体人力资本差距的进一步扩大，增强经济发展的后劲（刘尚希，2019）。发展与共享相辅相成，基本公共服务均等化在推进经济发展的同时，能够使全体人民分享发展成果，这符合相对贫困治理的内在要求。

三是基本公共服务均等化是确保收入分配格局公平合理的重要途径。收入分配不均是相对贫困产生的重要因素，缩小社会群体之间的收入差距是解决相对贫困问题的有效手段。事实上，基本公共服务均等化对改善分配格局具有重要意义，例如，社会保障构成基本公共服务体系的重要内容，社会保障的征收与给付之间的不对称性能够起到缩小收入差距的作用（何文炯、潘旭华，2021），从而有利于相对贫困治理。由此，提出假设：

假设4-1：基本公共服务均等化水平的提高有利于缓解相对贫困。

二、财政转移支付与基本公共服务均等化影响相对贫困的机制

基于上文机制分析，进一步探析财政转移支付、基本公共服务均等化与相对贫困三者间的内在关联性。财政分权导致地区财政能力存在差异，影响地区间基本公共服务供给水平，建立财政转移支付制度是解决基本公共服务供给失衡问题的重要方式（Oates，1999）。财政转移支付能够调节地方政府财力，具有缓解财政失衡的功能，可以较好地解决由于财力及基本公共服务提供成本差异所带来的地区发展差异问题。同时，财政转移支付还具有矫正外部性的作用，能够有效解决公共产品成本外溢问题，进而保障地区基本公共服务供给的数量和质量，同时激励公共服务类优值品的供给。概言之，财政转移支付对于提高地区基本公共服务均等化水平具有

正向促进作用，进一步结合研究假设4-1，基本公共服务均等化水平的提高对缓解相对贫困产生积极作用。由此，本书认为财政转移支付能够通过提高基本公共服务均等化水平正向作用于相对贫困治理。

与此同时，财政转移支付通过基本公共服务均等化对相对贫困的影响可能存在结构性差异。财政转移支付作为财政资金再分配的一种形式，一方面具有增加地方财力的收入效应，使地方政府有更多的资源提供基本公共服务；另一方面，财政转移支付改变了接受拨款项目和未接受拨款项目之间的相对价格，从而导致财政资源在不同项目之间的重新配置，从而产生了替代效应。一般性转移支付是中央对地方的无偿补助，主要用于实现地区财力均衡，而专项转移支付用于中央指定的领域，一般不能挪作他用，这两种财政转移支付形式的性质和作用不同，表征出来的收入效应和替代效应也有所不同，这就决定了一般性转移支付和专项转移支付通过基本公共服务均等化影响相对贫困的效应会存在差异。综合以上分析，提出假设：

假设4-2：基本公共服务均等化是财政转移支付影响相对贫困的重要传导机制，财政转移支付通过提高基本公共服务均等化水平正向作用于相对贫困治理。

假设4-3：财政转移支付通过基本公共服务均等化影响相对贫困存在结构性差异。

第二节 研究设计

一、模型构建

为了检验财政转移支付通过基本公共服务均等化影响相对贫困的传导路径和传导效应，本书借鉴温忠麟等（2014）的机制检验法，构建中介效应检验模型，通过逐步检验回归系数的方法探析财政转移支付与相对贫困之间的关系。中介效应检验模型的具体形式如公式（4-1）—（4-3）所

第四章　财政转移支付影响相对贫困的机制检验：基本公共服务均等化

示，为了更清晰地理解模型中各式之间的逻辑关联性，结合路径图 4-1 加以描述：

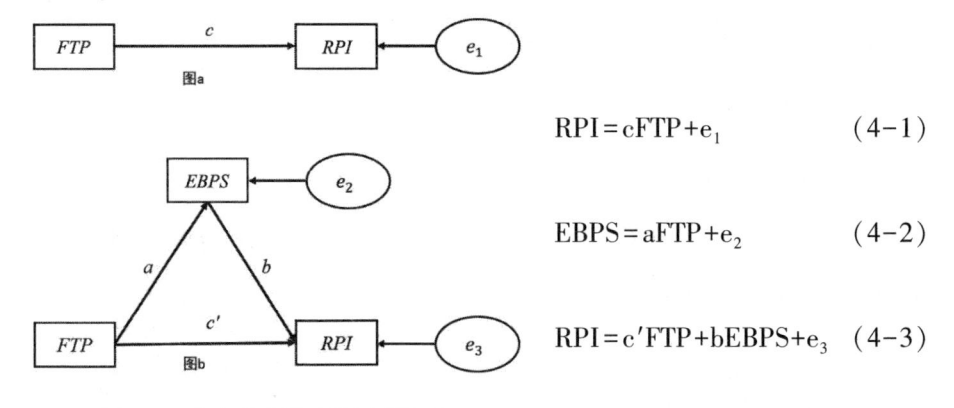

$$RPI = cFTP + e_1 \quad (4-1)$$

$$EBPS = aFTP + e_2 \quad (4-2)$$

$$RPI = c'FTP + bEBPS + e_3 \quad (4-3)$$

图 4-1　中介效应检验模型路径图

逐步检验回归系数的方法分为三个步骤：第一步，检验式（4-1）中系数 c 的显著性，这一系数代表了财政转移支付（FTP）影响相对贫困（RPI）的总效应，若通过显著性检验，则代表财政转移支付（FTP）与相对贫困（RPI）满足中介效应检验模型的基本假定，可以进行下一步检验；第二步，检验式（4-2）中系数 a 的显著性，并在控制中介变量基本公共服务均等化（EBPS）以后，检验式（4-3）中系数 b 和系数 c′的显著性，其中系数 a 代表财政转移支付（FTP）对中介变量基本公共服务均等化（EBPS）的影响效应，系数 b 表示中介变量基本公共服务均等化（EBPS）对相对贫困（RPI）的影响效应，两者共同构成以上变量间的间接效应，而系数 c′则代表财政转移支付（FTP）对相对贫困（RPI）的直接效应；第三步，通过系数 a、b、c 和 c′的显著性判定"财政转移支付（FTP）→相对贫困（RPI）"是否存在中介影响机制。若各变量的估计系数均显著，则说明"财政转移支付（FTP）→相对贫困（RPI）"中存在基本公共服务均等化（EBPS）这一中介影响机制，其中介效应为 $a \times b$，若仅系数 a、b 和 c 显著，这说明中介变量基本公共服务均等化（EBPS）不构成"财政转移支付（FTP）→相对贫困（RPI）"的中介影响机制。

二、变量定义

实证分析中相关变量指标的选取及处理如下：

（一）被解释变量

相对贫困（RPI）。采用相对贫困指数这一复合指标，相对贫困指数越高，表明相对贫困问题越严重，这一复合指标同时反映了相对贫困的广度和深度。

（二）解释变量

财政转移支付（FTP）。学术界通常将财政转移支付分为税收返还、一般性转移支付和专项转移支付三种类别，限于税收返还是分税制改革的一个副产品，是保障改革顺利进行的举措，伴随着时间的推移其份额越来越少（范子英，2020），且2019年全国财政决算中已不再统计税收返还部分，因此本书中的财政转移支付指标仅考虑一般性转移支付和专项转移支付两项。基于财政转移支付对相对贫困的影响既存在规模效应，又存在结构效应，因此将财政转移支付指标区分为规模指标和结构指标，规模指标以人均财政转移支付来衡量，结构指标以人均一般性转移支付和人均专项转移支付来衡量。

（三）中介变量

基本公共服务均等化（EBPS）。党的十九届五中全会提出，"十四五"时期明显提高基本公共服务均等化水平，2035年实现基本公共服务均等化。根据国家发展改革委印发的《国家基本公共服务标准（2021年版）》（发改社会〔2021〕443号），基本公共服务包含"幼有所育、劳有所得、学有所教、病有所医、住有所居、老有所养、优军服务保障、弱有所扶、

<<< 第四章 财政转移支付影响相对贫困的机制检验：基本公共服务均等化

文体服务保障"共9个方面的内容[①]。考虑到数据的可得性、连续性及有效性，本书借鉴李华和董艳玲[②]、乔俊峰和陈荣汾[③]的研究，从教育、社会保障与就业、医疗卫生和公共文化四个层面选取12个二级指标建立基本公共服务水平评价指标体系（见表4-1），并结合熵值法对我国31省基本公共服务供给水平加以测度，再以某省基本公共服务供给水平为基准（如辽宁），最后使用每年各省数值与基准数值比值的倒数[④]衡量基本公共服务均等化水平，且取值越大，则表示均等化水平越高。

其中，对基本公共服务供给水平的测算包括三个方面。首先，对各二级指标进行标准化处理以消除量纲差异和数量级的影响。其次，运用主客观相结合的组合赋权法确定指标权重，其中一级指标的权重通过德尔菲法打分获得，4个一级指标权重分别为：教育权重为0.3，社会保障与就业权重为0.3，医疗卫生权重为0.3，公共文化权重为0.1。二级指标使用熵值赋权法确定权重，熵值赋权法基于"差异驱动"原理，反映了指标信息熵值的效用价值，避免了人为因素的影响，使得指标权重更具有客观性，从而增强再现性和可信度。最后，使用加权求和方式得到基本公共服务供给水平综合评价指数。其中熵值赋权法的具体操作步骤如下：

表4-1 基本公共服务水平评价指标体系

目标	一级指标	二级指标	指标测度（单位）	指标方向
基本公共服务均等化	教育	小学师生比	小学教师人数与学生人数之比（%）	正向
		初中师生比	初中教师人数与学生人数之比（%）	正向

[①] 关于印发《国家基本公共服务标准（2021年版）》的通知[EB/OL]. 国家发展和改革委员会，2021-04-21.

[②] 李华，董艳玲. 中国基本公共服务均等化测度及趋势演进：基于高质量发展维度的研究[J]. 中国软科学，2020（10）：74-84.

[③] 乔俊峰，陈荣汾. 转移支付结构对基本公共服务均等化的影响：基于国家级贫困县划分的断点分析[J]. 经济学家，2019（10）：84-92.

[④] 此处之所以做倒数处理，是为了保障数值变化与均等化水平的正向相关性，以保障实证结果陈述的流畅性。

续表

目标	一级指标	二级指标	指标测度（单位）	指标方向
基本公共服务均等化	教育	高中师生比	高中教师人数与学生人数之比（%）	正向
	社会保障与就业	社保支出	人均社会保障支出（万元/人）	正向
		养老保险	社会居民养老保险参保人数占比（%）	正向
		医疗保险	基本医疗保险参保人数占比（%）	正向
	医疗卫生	失业保险	基本失业保险参保人数占比（%）	正向
		医疗支出	人均医疗支出（万元/人）	正向
		医院床位数	每万人医院床位数（张）	正向
		医疗机构数	每万人医院机构数（个）	正向
	公共文化	博物馆	每万人博物馆数（个）	正向
		公共图书馆	每万人公共图书馆业机构数（个）	正向

第一步，采用离差标准化方法对各项指标进行无量纲化处理，因为各指标均为正值，故标准化公式为：

$$u_{ij} = [(x_{ij} - \min(x_j))] / [(\max(x_j) - \min(x_j))] \tag{4-4}$$

式（4-4）中，x_{ij} 为各二级指标的原始值，$\max(x_j)$、$\min(x_j)$ 为第 j 个指标的最大值和最小值，u_{ij} 为标准化值。

第二步，计算各项指标所占比重（p_{ij}），公式为：

$$p_{ij} = \frac{u_{ij}}{\sum_{i=1}^{m} u_{ij}} \quad （m \text{ 为样本个数}） \tag{4-5}$$

第三步，进一步计算第 j 指标的熵值（e_j），公式如下：

$$e_j = -k \sum_{i=1}^{m} p_{ij} \ln p_{ij}, \quad k = \frac{1}{\ln m} \tag{4-6}$$

第四步，结合公式（4-6）计算出的熵值求出第 j 项指标的差异系数

d_j，表示为：

$$d_j = 1 - e_j \tag{4-7}$$

第五步，对差异系数 d_j 进行归一化处理，得到第 j 个指标的权重 λ_j，公式如下：

$$\lambda_j = d_j / \sum_{j=1}^{n} d_j \tag{4-8}$$

（四）控制变量

控制变量及其含义如下：①失业率（UER）。用地区城镇登记失业率表示。②劳动力要素价格差异（LFG）。对地区城镇单位就业人员的平均工资按行业分类进行排序，以排名前四的平均工资与排名后四的平均工资的比值衡量劳动力要素价格差异。③最低工资（MW）标准。用地区每年公布月最低工资标准（第一档）衡量，考虑到一年中存在多次调整的情况，以每年年终数值作为标准。④地区开放程度（RO）。采用地区进出口总额（按当年人民币兑美元汇率折算）占地区 GDP 的比值衡量。⑤地区工业化水平（RIL）。用地区第二产业增加值与地区 GDP 的比值衡量。⑥地区人口密度（RPD）。用地区年末常住人口与地区面积的比例表示。⑦人均财政支出水平（PFE）。用地区地方财政一般预算支出与年末常住人口之比表示。

三、数据来源

本书研究中涉及的原始数据来自历年《中国统计年鉴》、全国财政决算报告以及省历年统计年鉴、财政决算报告、地方政府统计局网站。需要说明的是，在计算农村与城镇相对贫困指数的过程中，囿于部分省份城镇和农村的居民收入分组数据缺乏完整性，本书在数据处理过程中分情况而定，若只有某一年份数据缺失就采用线性插值法进行补齐，若存在连续多年的数据缺失则在实证分析过程中删除该省份数据以尽可能满足估计值的无偏性①。同时，考虑到城镇相对贫困数据较农村数据更具完整性，因此以城镇相对贫困数据进行基准回归，再结合农村相对贫困数据进行稳健性检验。此外，基于数据的准确性和可比性要求，以2000年为基期，利用居民消费者价格指数对所有货币量指标进行平减，并对所有的总量指标进行对数化处理。经过以上操作得到2005—2018年主要变量的数据，其描述性统计分析结果如表4-2所示。

表4-2 主要变量设置及统计性描述分析

变量	变量名	符号	样本	均值	标准差	最小值	最大值
被解释变量	相对贫困指数	RPI	392	0.8183	0.2164	0.2257	1.6575
核心解释变量	财政转移支付	FTP	392	6.6431	0.9813	3.2189	8.3724
	基本公共服务均等化	EBPS	392	0.9538	0.1934	0.5933	2.7409
控制变量	失业率	UER	392	3.4610	0.6897	1.2000	5.6000
	劳动力要素价格差异	LFG	392	2.3422	0.3303	1.7092	3.3881
	最低工资标准	MW	392	6.8837	0.4539	5.8289	7.8160
	地区开放程度	RO	392	0.3004	0.3664	0.0175	1.7113
	地区工业化水平	RIL	392	0.4282	0.0853	0.1655	0.6196
	地区人口密度	RPD	392	5.1787	1.5115	0.8242	8.2697
	人均财政支出水平	PFE	392	8.8492	0.7658	7.0606	10.9272

---

① 经过数据测算和整理，最终本书中使用的城镇相对贫困指数包含28省数据，山东、天津、湖南数据缺失，农村相对贫困指数仅包含24省数据，山东、天津、湖南、吉林、云南、西藏和宁夏数据缺失。

<<< 第四章 财政转移支付影响相对贫困的机制检验：基本公共服务均等化

第三节 实证结果与分析

一、实证结果

表4-3报告了财政转移支付通过基本公共服务均等化影响相对贫困中介效应检验的回归结果[①]。依据逐步检验回归方法的基本思路，首先，由方程（1）可以发现，财政转移支付影响相对贫困的回归系数为-0.1376，在5%的水平下显著，这说明财政转移支付总规模每提升1%，相对贫困指数下降0.1376%。进一步地，方程（2）给出了中介效应检验第二阶段的回归结果，即财政转移支付对中介变量基本公共服务均等化的影响。方程（2）中核心解释变量财政转移支付的回归系数为0.0096，在1%的水平下通过了显著性检验，说明财政转移支付与基本公共服务均等化之间呈显著正相关关系，也就是说地方政府从中央获得财政转移支付规模的增加能够有效地提高地方基本公共服务均等化的水平，验证了研究假设4-1。

从实证结果的成因看，财政转移支付的规模逐年增大，从2005年的7363亿元增加到2020年的77226亿元，年均增长率为16.96%[②]，大规模的财政转移支付增加了地方财政收入，弥补了地方财政缺口，为实现基本公共服务均等化提供了财力保障。同时，财政转移支付制度的规范性不断提高，均等化的功能日益凸显，2020年财政转移支付中用于教育、医疗、社会保障和就业及文化事业的补助资金分别为3454.57亿元、4896.38亿元、11629.02亿元和230.09亿元，支出总额占全年国家财政教育、医疗卫生、社会保障和就业及文化事业支出总额的21.87%[③]，这在很大程度上

[①] 经过豪斯曼检验，本书最终选用固定效应模型进行实证分析。
[②] 预算司.2020年中央对地方转移支付决算表［EB/OL］.中华人民共和国财政部，2021-06-29.
[③] 预算司.2020年中央对地方转移支付决算表［EB/OL］.中华人民共和国财政部，2021-06-29.

增强了基本公共服务的供给能力，提升了基本公共服务均等化的水平。最后，在方程（3）中，财政转移支付、基本公共服务均等化的回归系数均显著，表明基本公共服务均等化是财政转移支付影响相对贫困的重要传导机制，财政转移支付通过提高基本公共服务均等化的水平有利于缓解相对贫困，验证了研究假设4-2。

表4-3 中介效应检验的回归结果

方程	（1）RPI	（2）EBPS	（3）RPI
FTP	-0.1376*** (0.0314)	0.0096*** (0.0028)	-0.1366*** (0.0313)
EBPS			-0.1018* (0.0583)
UER	0.0057 (0.0277)	-0.0519** (0.0251)	0.0005 (0.0278)
LFG	0.1251** (0.0581)	-0.2612*** (0.0526)	0.0985 (0.0599)
MW	0.2887*** (0.0522)	0.1699*** (0.0473)	0.3060*** (0.0530)
RO	0.2696*** (0.0913)	0.2422*** (0.0827)	0.2943*** (0.0921)
RIL	0.0972 (0.2421)	1.8536*** (0.2194)	0.2860 (0.2645)
RPD	0.4903** (0.2256)	-0.6822*** (0.2045)	0.4208* (0.2285)
PFE	0.0130 (0.0180)	0.0381** (0.0163)	0.0168 (0.0181)
时间固定	Y	Y	Y
地区固定	Y	Y	Y
N	392	392	392

续表

方程	(1) RPI	(2) EBPS	(3) RPI
Adj-R²	0.1372	0.4154	0.1445

注：(1) 括号内为稳健标准误；(2) ***、**、*分别表示1%、5%、10%水平下的显著性。

在控制变量中，最低工资（MW）的回归系数显著为正，说明最低工资制度的设立反而不利于缓解相对贫困，这与部分学者的研究结论一致（翁杰、徐圣，2015；万江滔、魏下海，2020）。劳动与资本之间存在替代性，最低工资标准的提高使得企业成本增加，驱使企业使用更多的资本替代劳动，推进了企业资本深化，最终导致劳动收入份额下降，一些缺乏竞争力的群体被迫离职，不利于解决收入分配与相对贫困问题。地区开放程度（RO）的估计系数也显著为正，反映出提升地区开放程度在一定程度上也不利于相对贫困问题的解决。地区开放程度的提高使得资本和劳动要素在部门间流动的速度加快，导致资本密集型部门不断深化，而劳动密集型部门渐趋萎缩，最终带来劳动收入份额的持续下降，加剧了初次分配的不平等，也恶化了相对贫困状况。此外，地区人口密度与地区基本公共服务均等化水平成反比，因此，地区人口密度（RPD）越大，相对贫困指数越高。

二、异质性分析

财政转移支付对相对贫困的影响，与地区经济发展水平及地方政府财政自给程度密切相关。基于此，本书进一步从地区差异及财政能力差异两个层面考察财政转移支付通过基本公共服务均等化影响相对贫困的异质性。

（一）地区异质性分析

通过第三章对财政转移支付与相对贫困时空分布特征事实的分析可以发现，分税制改革以来中央对地方的财政转移支付及地方相对贫困状况均表现出明显的地区异质性。无论是城镇样本，还是农村样本，相较于东部地区，中西部地区的相对贫困状况都更为严峻，与此同时，我国财政转移支付也越来越向中西部地区倾斜。基于此，本书从经济发展程度出发，考察不同地区财政转移支付通过基本公共服务均等化作用于相对贫困的差异。在继续沿用前文区域划分办法的基础上，考虑到中西部地区在初始禀赋上存在很多相似之处，将中西部地区合并，重点考察在东部和中西部地区财政转移支付通过基本公共服务均等化影响相对贫困的异质性。

表4-4 地区异质性回归结果

方程	东部地区			中西部地区		
	(1) RPI	(2) EBPS	(3) RPI	(4) RPI	(5) EBPS	(6) RPI
FTP	-0.0694** (0.0347)	0.0362** (0.0135)	-0.0642* (0.0334)	-0.0807** (0.0335)	0.1139*** (0.0207)	-0.0559* (0.0303)
EBPS			-0.1443** (0.0585)			-0.2176** (0.1038)
UER	0.0575 (0.0483)	-0.0213 (0.0468)	0.0605 (0.0481)	0.0432 (0.0346)	-0.0488** (0.0214)	0.0326 (0.0347)
LFG	0.1939* (0.1031)	-0.6833*** (0.0997)	0.0047 (0.1227)	0.1382* (0.0710)	-0.1606*** (0.0440)	0.0033 (0.0725)
MW	0.3703** (0.1376)	0.2694 (0.3265)	0.3314** (0.1369)	0.2642*** (0.0245)	0.1814 (0.0253)	0.2343*** (0.0267)
RO	0.2775* (0.1282)	0.2931** (0.1240)	0.2452* (0.1308)	0.2817** (0.1252)	0.2923* (0.1394)	0.2399* (0.1245)
RIL	0.7668 (0.5245)	2.5199*** (0.5073)	0.4023 (0.5778)	0.0319 (0.2659)	1.0033*** (0.1646)	0.1864 (0.2838)
RPD	0.4421 (0.3985)	-1.9380*** (0.3854)	0.6375* (0.3400)	0.4708 (0.3281)	-0.9290*** (0.2031)	0.6730** (0.3398)
PFE	0.0158 (0.0315)	0.0615** (0.0304)	0.0069 (0.0319)	0.0478** (0.0221)	0.0144 (0.0137)	0.0446** (0.0220)
时间固定	Y	Y	Y	Y	Y	Y

续表

方程	东部地区			中西部地区		
	(1) RPI	(2) EBPS	(3) RPI	(4) RPI	(5) EBPS	(6) RPI
地区固定	Y	Y	Y	Y	Y	Y
N	126	126	126	266	266	266
Adj-R^2	0.1062	0.5669	0.1236	0.1873	0.6657	0.2021

注：(1) 括号内为稳健标准误；(2) ***、**、*分别表示1%、5%、10%水平下的显著性。

表4-4给出了基于地区异质性视角考察财政转移支付通过基本公共服务均等化影响相对贫困的回归结果。方程（1）和方程（4）显示，财政转移支付对相对贫困的影响系数在东部以及中西部地区均显著为负，这不仅说明表4-3中基准回归结果的稳健性，也表明财政转移支付有利于缓解相对贫困，是构建解决相对贫困长效机制的制度保障。然而，从不同地区回归系数的绝对值来看，东部地区为0.0694，中西部地区为0.0807，表明财政转移支付在中西部地区缓解相对贫困的效应强于东部地区。方程（2）和方程（5）分别给出财政转移支付在东部和中西部地区对基本公共服务均等化影响的回归结果，从中可知，当财政转移支付规模增加1%时，促使中西部地区基本公共服务均等化水平提高0.1139个百分点，而在东部地区这个数值仅为0.0362，财政转移支付的基本公共服务均等化功效在中西部省份更为凸显。此外，方程（3）和方程（6）中财政转移支付、基本公共服务均等化的回归系数也都显著，且与基准回归结果一致。

综上可知，无论是在东部还是在中西部地区，财政转移支付都可以通过提高基本公共服务均等化的水平有效缓解相对贫困，但是财政转移支付的基本公共服务均等化效应在中西部省份更为明显。原因可能是：东部地区经济发展较快，财力资源充足，财政实力雄厚，自有财力足以保障基本公共服务的供给，而中西部地区经济发展相对落后，财力资源匮乏，财政实力薄弱，基本公共服务水平有待提高。尽管财政转移支付能够弥补地区财力缺口，实现基本公共服务均等化，但根据边际效用递减规律，同等规模的财政转移支付资金在中西部省份实现的均等化效应要大于在财力充裕的东部地区，因此在中西部省份财政转移支付提升基本公共服务均等化水平的功效更为显著。

（二）财政能力异质性分析

本书所述财政能力是财政自给能力的简称，体现了地方政府财政实力以及对事权与支出责任的实际支撑程度。面对不同的财政状况，地方政府会做出不同的财政策略选择，这决定了地方财政一般公共预算支出的规模，也影响了财政转移支付资金的安排，进而改变了地区基本公共服务的实际供给水平。换言之，地方政府的财政能力制约了财政转移支付中用于地方财政一般公共预算支出的规模，并通过影响基本公共服务均等化的水平作用于相对贫困。基于此，本书借鉴曾明等（2014）的做法，用地方财政一般公共预算收入与地方财政一般公共预算支出的比值来衡量地方政府财政能力，并根据地方政府年均财政能力的中位数，将全样本划分为高财政能力组和低财政能力组，以考察不同财政能力下财政转移支付通过基本公共服务均等化影响相对贫困的异质性，回归结果见表4-5。

表4-5 财政能力异质性回归结果

方程	高财政能力组			低财政能力组		
	(1) RPI	(2) EBPS	(3) RPI	(4) RPI	(5) EBPS	(6) RPI
FTP	−0.0126** (0.0058)	0.0689*** (0.0244)	−0.0047* (0.0024)	−0.1209** (0.0560)	0.1962* (0.0370)	−0.1010* (0.0604)
EBPS			−0.1151** (0.0050)			−0.1017*** (0.0147)
UER	0.0877*** (0.0344)	−0.0338 (0.0185)	0.0916*** (0.0344)	0.1544*** (0.0464)	−0.0534* (0.0307)	0.1490*** (0.0469)
LFG	0.1038 (0.0774)	−0.3631*** (0.0730)	0.0620 (0.0825)	0.1079 (0.0872)	−0.1961*** (0.0576)	0.0880 (0.0901)

续表

方程	高财政能力组			低财政能力组		
	（1）RPI	（2）EBPS	（3）RPI	（4）RPI	（5）EBPS	（6）RPI
MW	0.8681** (0.3433)	0.2407 (0.3238)	0.8958*** (0.3428)	0.3199*** (0.0858)	0.1157** (0.0567)	0.2981*** (0.0869)
RO	0.1819* (0.1004)	0.0457 (0.0946)	0.1872* (0.1001)	0.384 (0.3006)	0.3199 (0.1988)	0.3508 (0.3030)
RIL	0.9769*** (0.3611)	1.3665*** (0.3405)	0.8196** (0.3763)	0.0860 (0.3494)	0.9704*** (0.2311)	0.0127 (0.3669)
RPD	0.2611 (0.3330)	-1.5555*** (0.3141)	0.4402 (0.3547)	1.4157*** (0.3586)	-0.8955*** (0.2371)	1.5068*** (0.3732)
PFE	0.0137 (0.0238)	0.0521** (0.0225)	0.0197 (0.0241)	0.0321 (0.0272)	0.0083 (0.0180)	0.0313 (0.0272)
时间固定	Y	Y	Y	Y	Y	Y
地区固定	Y	Y	Y	Y	Y	Y
N	196	196	196	196	196	196
Adj-R^2	0.1427	0.4295	0.1528	0.2035	0.6851	0.2071

注：（1）括号内为稳健标准误；（2）***、**、*分别表示1%、5%、10%水平下的显著性。

表4-5给出了基于财政能力异质性视角分析财政转移支付通过基本公共服务均等化治理相对贫困的回归结果。从中可以发现，方程（1）和方程（4）中财政转移支付的估计系数均显著为负，表明无论地方政府财政能力高低，财政转移支付均能缓解地区相对贫困。需要注意的是，高财政能力组回归系数仅为-0.0126，而低财政能力组回归系数却为-0.1209，这意味着财政转移支付在财政能力不足的地区更能发挥其相对贫困治理功能。方程（2）和方程（5）描述了不同财政能力组中财政转移支付对基本公共服务均等化影响的回归结果，尽管地方政府财政能力的高低并不影

响财政转移支付对基本公共服务均等化水平的提升，但就具体效应而言，在低财政能力组更为显著。进一步结合方程（3）和方程（6）中的回归结果发现，财政转移支付在高、低财政能力组中都可以通过提高基本公共服务均等化的水平缓解相对贫困，但这种传导效应在低财政能力组更为显著。这主要由于低财政能力组自身实力薄弱，对中央财政转移支付的依赖程度更高，当中央的财政转移支付偏向于低财政能力组时，更利于强化中央政府的宏观调控能力，使中央与地方的政策目标保持一致，更好地推进基本公共服务均等化的进程，也就更利于缓解相对贫困。

三、稳健性检验

（一）内生性检验

财政转移支付规模影响地区相对贫困状况，而地区相对贫困状况在一定程度上也决定了地方能获得的财政转移支付规模。因此，财政转移支付与相对贫困之间存在反向因果导致的内生性问题，况且中介变量基本公共服务均等化的加入使得变量之间的交互影响变得更为复杂。联立方程模型不仅能够全面地揭示变量间复杂的运行机制，还可以较好地克服内生性问题，保证估计结果的可靠性[1]。鉴于此，本书借鉴刘俸奇等（2021）的方法，构建由相对贫困、中介机制和财政转移支付三个方程组成的联立方程模型（4-9），以解决变量间相互交互引发的内生性问题。

$$\begin{cases} RPI_{it} = \alpha_0 + \alpha_1 FTP_{it} + \alpha_2 EBPS_{it} + \alpha_3 UER_{it} + \alpha_4 LFG_{it} + \alpha_5 MW_{it} + \varepsilon_{1t} \\ EBPS_{it} = \beta_0 + \beta_1 FTP_{it} + \beta_2 RO_{it} + \beta_3 RIL_{it} + \beta_4 RPD_{it} + \beta_5 PFE_{it} + \varepsilon_{2t} \\ FTP_{it} = \gamma_0 + \gamma_1 RPI_{it} + \gamma_2 UER_{it} + \gamma_3 RPD_{it} + \gamma_4 PFE_{it} + \varepsilon_{3t} \end{cases}$$

(4-9)

模型（4-9）中各式依次为相对贫困方程、基本公共服务均等化方程和财政转移支付方程，结合迭代式三阶段最小二乘法对上述模型进行估

---

[1] 王昀，孙晓华．政府补贴驱动工业转型升级的作用机理［J］．中国工业经济，2017（10）：99-117．

计，具体估计结果如表4-6所示。

表4-6 内生性检验结果

方程	（1）RPI	（2）EBPS	（3）FTP
FTP	-0.0547*** (0.0156)	0.1974*** (0.0150)	
EBPS	-0.0355* (0.0193)		
RPI			4.5561*** (0.5004)
UER	0.0487*** (0.0173)		-0.4826*** (0.0985)
LFG	-0.0145 (0.0213)		
MW	0.3087*** (0.0238)		
RO		0.3156*** (0.0816)	
RIL		1.7761*** (0.2080)	
RPD		-1.1229*** (0.2165)	2.8882*** (0.4175)
PFE		0.0585*** (0.0166)	-0.1779*** (0.0403)
N	392	392	392

注：（1）括号内为稳健标准误；（2）***、**、*分别表示1%、5%、10%水平下的显著性。

观察表4-6中财政转移支付方程（3），相对贫困影响财政转移支付的回归系数显著为正，意味着随着地方相对贫困指数增大，财政转移支付规模会相应扩大，这也从侧面论证了本书采用联立方程模型解决内生性问题的合理性。同时，相对贫困方程（1）中，财政转移支付和基本公共服务均等化的回归系数显著为负,意味着财政转移支付规模的扩大和基本公共服务均等化水平的提高均有利于相对贫困的治理。此外,基本公共服务均等化方程(2)中,财政转移支付的回归系数为0.1974,在1%水平下显著,表明财政转移支付规模的扩大有利于提高地方基本公共服务均等化水平。与基准回归结果相比,在进一步考虑了财政转移支付与相对贫困之间的内生性问题后,核心解释变量的回归符号并未发生改变,研究结论依旧稳健。

(二)变换样本

前文不仅测算了城镇相对贫困指数,还测算了农村相对贫困指数,考虑到城镇相对贫困指数的相对完整性,本书选取城镇数据进行基准回归,为了保证回归结果的可靠性,此处使用农村相对贫困指数进行稳健性检验。表4-7报告了以农村相对贫困指数为样本的情况下,财政转移支付通过基本公共服务均等化影响相对贫困的检验结果。方程(1)中,财政转移支付的回归系数显著为负,表明财政转移支付有利于缓解农村相对贫困;方程(2)中财政转移支付的回归系数也显著,表明财政转移支付规模的扩大提高了地方基本公共服务均等化的水平;方程(3)中财政转移支付和基本公共服务均等化的回归系数均显著,说明基本公共服务均等化是财政转移支付影响相对贫困的重要传导机制。核心变量、控制变量的符号和显著性均与基准回归结果大体一致,证明了基准研究结论的稳健性。

表4-7 变换样本的稳健性检验结果

方程	(1) RPI	(2) EBPS	(3) RPI
FTP	-0.0723* (0.0374)	0.0075*** (0.0021)	-0.0713* (0.0372)
EBPS			-0.1387* (0.0759)
UER	0.0399 (0.0339)	-0.0215 (0.0255)	0.0369 (0.0338)

续表

方程	（1）RPI	（2）EBPS	（3）RPI
LFG	0.2000** (0.0773)	−0.2933*** (0.0581)	0.2407** (0.0813)
MW	0.3689*** (0.0639)	0.1842*** (0.0481)	0.3434*** (0.0652)
RO	0.0997 (0.1096)	0.1271 (0.0824)	0.1174 (0.1096)
RIL	0.0760 (0.2968)	1.5948*** (0.2233)	0.2972 (0.3195)
RPD	1.5538*** (0.2906)	−1.2762*** (0.2186)	1.3768*** (0.3053)
PFE	0.0096 (0.2222)	0.0313* (0.0167)	0.0139 (0.0222)
时间固定	Y	Y	Y
地区固定	Y	Y	Y
N	336	336	336
Adj-R^2	0.2864	0.4228	0.2942

注：（1）括号内为稳健标准误；（2）***、**、*分别表示1%、5%、10%水平下的显著性。

（三）变换回归方法

鉴于逐步检验回归系数方法的检验力有限，本书进一步使用Sobel检验法（系数乘积法）加以验证。首先，Sobel检验的P值为0.0036，说明中介效应成立，即财政转移支付可以通过基本公共服务均等化对地区相对贫困产生影响；其次，Sobel检验法下，财政转移支付通过基本公共服务均等化这一传导机制对相对贫困的影响结果如表4-8所示，与表4-3对比发现，基准回归结果不依赖于某种特定的计量方法，变换回归方法并没有改变实证结论。

表4-8 变换回归方法的稳健性检验结果

方程	(1) RPI	(2) EBPS	(3) RPI
FTP	−0.1831*** (0.0230)	0.1244*** (0.0386)	−0.1587*** (0.0221)
EBPS			−0.1960*** (0.0288)
UER	0.0148 (0.0189)	0.0677** (0.0317)	0.0015 (0.0180)
LFG	0.0907* (0.0469)	0.3677*** (0.0786)	0.0186 (0.0456)
MW	0.2345*** (0.0394)	0.4024*** (0.0661)	0.3133*** (0.0390)
RO	0.1038* (0.0557)	0.7260*** (0.0933)	0.0385 (0.0566)
RIL	0.3538** (0.1465)	1.5725*** (0.2455)	0.0457 (0.1458)
RPD	0.0196** (0.0089)	−0.2588*** (0.0149)	0.0703*** (0.0113)
PFE	0.0276* (0.0155)	0.0474* (0.0259)	0.0183 (0.0147)
时间固定	Y	Y	Y
地区固定	Y	Y	Y
N	392	392	392
Adj-R^2	0.1168	0.6692	0.2120

注：(1) 括号内为稳健标准误；(2) ***、**、*分别表示1%、5%、10%水平下的显著性。

第四节 财政转移支付影响相对贫困的结构性差异分析

财政转移支付包括一般性转移支付和专项转移支付两类，一般性转移支付主要用于缩小地区间财力差距，对存在财力缺口的地区给予补助，而专项转移支付是用于对委托或共同事务进行补偿而设立的专项补助资金，二者在功能定位和实现基本公共服务均等化效果方面具有较大的差异。因此，有必要比较分析不同类型财政转移支付通过基本公共服务均等化影响相对贫困的差异性。

表 4-9 财政转移支付影响相对贫困结构性差异的回归结果

方程	一般性转移支付			专项转移支付		
	（1）RPI	（2）EBPS	（3）RPI	（4）RPI	（5）EBPS	（6）RPI
FTP	-0.1476*** (0.0291)	0.0312* (0.0148)	-0.1436*** (0.0271)	-0.1206*** (0.0274)	0.0584** (0.0247)	-0.1162*** (0.0276)
EBPS			-0.1268** (0.0577)			-0.0756* (0.0389)
UER	0.0027 (0.0275)	-0.0570** (0.0251)	-0.0045 (0.0275)	0.0101 (0.0276)	-0.0479* (0.0248)	0.0065 (0.0277)
LFG	0.0958* (0.0575)	-0.2633*** (0.0525)	0.0624 (0.0592)	0.1373** (0.0583)	-0.2733*** (0.0534)	0.1167* (0.0604)
MW	0.3009*** (0.0489)	0.2272*** (0.0446)	0.3297*** (0.0504)	0.2516*** (0.0455)	0.1105*** (0.0410)	0.2600*** (0.0460)
RO	0.2523*** (0.0906)	0.2166*** (0.0827)	0.2798*** (0.0910)	0.2605*** (0.0917)	0.2772*** (0.0824)	0.2815*** (0.0930)
RIL	-0.0316 (0.2362)	1.8801*** (0.2157)	0.2069 (0.2589)	0.2132 (0.2482)	1.7187*** (0.2232)	0.3432 (0.2678)
RPD	0.5693** (0.2255)	-0.6079*** (0.2059)	0.4922** (0.2270)	0.4423** (0.2237)	-0.7392*** (0.2012)	0.3864* (0.2277)

续表

方程	一般性转移支付			专项转移支付		
	(1) RPI	(2) EBPS	(3) RPI	(4) RPI	(5) EBPS	(6) RPI
PFE	0.0173 (0.0175)	0.0330** (0.0160)	0.0215*** (0.0175)	0.0115*** (0.0181)	0.0473*** (0.0163)	0.0151*** (0.0183)
时间固定	Y	Y	Y	Y	Y	Y
地区固定	Y	Y	Y	Y	Y	Y
N	392	392	392	392	392	392
Adj-R^2	0.1535	0.4178	0.1648	0.1373	0.4243	0.1413

注：(1) 括号内为稳健标准误；(2) ***、**、*分别表示1%、5%、10%水平下的显著性。

财政转移支付影响相对贫困结构性差异的回归结果如表4-9所示，方程(1)~(6)中核心解释变量均通过了显著性检验，意味着一般性转移支付和专项转移支付都可以通过改变地方基本公共服务均等化的水平影响地方相对贫困状况，支持了本章研究假设4-3。进一步对比方程(2)和方程(5)中财政转移支付的回归系数发现，一般性转移支付与专项转移支付影响基本公共服务均等化的回归系数分别为0.0312和0.0584①，表明财政转移支付均等化基本公共服务的效应具有结构性差异。原因可能是，财政转移支付包括收入和替代两种经济效应，专项转移支付一方面具有财政增量性，另一方面往往限定用途，更多资金被用于保障外部性较强的公共产品供给，这相当于降低了该类公共产品的价格，因此专项转移支付既产生收入效应，又产生替代效应。而一般性转移支付不规定资金的具体用途，较强的资金使用自主权激励地方政府将其等同于本级财政收入，只产生收入效应。

---

① 为了论证方程(2)和方程(5)中，一般性转移支付和专项转移支付影响基本公共服务均等化回归系数的差异，此处进行了SUEST检验（基于似无相关模型SUR的检验），对应的P值为0.0215，即二者的回归系数存在显著差异。

第五节 本章小结

  2020年绝对贫困现象历史性地消除，我国进入以相对贫困为主要表现形式的"后扶贫时代"，如何建立解决相对贫困的长效机制成为学术界普遍关注的问题。基本公共服务供给不足、发展不均衡是相对贫困产生的重要根源，财政转移支付作为推进基本公共服务均等化的重要手段，能否有效解决相对贫困问题是本章关注的重点所在。有鉴于此，本章通过构建中介效应检验模型，实证检验了财政转移支付通过影响基本公共服务均等化水平进而影响相对贫困的传导路径。研究表明：（1）基本公共服务均等化水平的提高有利于缓解相对贫困，财政转移支付能够通过提高基本公共服务均等化的水平降低地区相对贫困指数，基本公共服务均等化是财政转移支付影响相对贫困的重要传导机制。异质性分析表明，财政转移支付均等化基本公共服务的效应在中西部地区强于东部地区，低财政能力组大于高财政能力组。（2）进一步分析财政转移支付影响相对贫困的结构性差异发现，无论是一般性转移支付，还是专项转移支付，都能通过提高基本公共服务均等化的水平降低地方相对贫困指数，但二者表征出来的经济效应有所不同，使得二者在均等化基本公共服务效应上存在差异，这是财政转移支付影响相对贫困产生结构性差异的原因所在。

第五章

财政转移支付影响相对贫困的机制检验：地方财政支出结构

财政转移支付以实现地区间财力均衡和基本公共服务均等化为目标导向，是一种强化财政再分配职能，扭转居民间财富分配失衡，缓解相对贫困的重要制度安排。财政转移支付在对地区间财力进行重新分配，影响地区基本公共服务供给水平的同时，也会改变地方政府财政预算约束，对地方财政支出决策形成不同程度和方向的激励，促使地方政府重新调整财政支出结构，对地区相对贫困状况产生影响。基于此，在第四章实证分析财政转移支付、基本公共服务均等化与相对贫困的关系之后，有必要进一步检验财政转移支付、地方财政支出结构影响相对贫困的传导路径。

第一节 理论分析与研究假设

一、地方财政支出结构影响相对贫困的机制

平衡地区财政能力差异，实现基本公共服务均等化是财政转移支付设计的理论内核，但在具体实践过程中，财政转移支付会对地方政府预算约束的改变及地方财政支出结构的变化形成激励约束影响。财政支出安排是公共财政治贫模式的重要内容，在保障贫困群体利益，调节社会收入分

配，降低相对贫困指数方面具有相对优势[①]，地方财政支出结构优化则是保障贫困治理成效的重要方式。地方财政支出结构可以按不同标准划分，基于相对贫困与民生性支出有关，本书将生产性支出与民生性支出界定为财政支出结构划分的一种模式。生产性支出主要用于改善地区的生产效率，民生性支出主要用于提高居民的福利水平（Arrow and Kurz, 1970; Barro, 1990; Alesina and Rodrik, 1994）。

民生性支出可以从防御性保障和社会机会两个维度提高低收入群体的收入和抗风险能力，从而缓解相对贫困。首先，构建防御性保障是指通过社会保障和就业类民生性支出为低收入群体实施社会性的保护，从而预防因物质条件变化带来的基本福利受损。其次，提供社会机会是指通过教育、科技、医疗卫生类民生性支出来实现低收入群体的人力资本积累，在"民生性支出→人力资本→可行能力→贫困"这一逻辑链条的作用下，民生性支出通过人力资本积累机制形成可行能力或发展能力，进而塑造主体自觉，激发发展潜能，构筑脱贫的内生动力，最终获得更好的就业机会和更高的工作收入[②]。例如，教育和科技支出能够帮助低收入群体提高劳动生产率，强化脱贫意愿，消除"等靠要"的思想，打破贫困的代际传递。医疗卫生支出可以降低因病致贫的可能性，保障相对贫困群体的身体健康，减少低收入群体的医疗负担，增加其工作时间和就业机会。此外，当预期寿命增加时，个人进行人力资本投入的意愿也会增强，这对于增加相对贫困群体收入，摆脱贫困陷阱具有积极作用。换言之，在地方财政支出结构中提高民生性支出占比有利于降低相对贫困指数。基于以上分析，提出假设：

假设5-1：地方财政支出结构偏向于民生性支出，有利于缓解相对贫困。

[①] 付文林，沈坤荣. 均等化转移支付与地方财政支出结构[J]. 经济研究, 2012, 47(5): 45-57.
[②] 胡志平. 基本公共服务、脱贫内生动力与农村相对贫困治理[J]. 求索, 2021（6）: 146-155.

二、财政转移支付与地方财政支出结构影响相对贫困的机制

在财政分权体制下,财政转移支付是弥补财政失衡的重要方式,科学合理的财政转移支付制度设计可以平衡地区间财力差异,引导和激励地方政府更好地提供公共服务,实现基本公共服务均等化,而财政转移支付在弥补地方财力缺口的同时也会产生道德风险(Sing,2005)。理论上,财政转移支付作为制度激励会影响地方政府行为决策,在地方政府的短期收益函数与中央政府的社会目标函数不一致的情况下,财政转移支付可能会激励地方财政支出安排的"选择性执行"现象。比如,财政转移支付的"粘蝇纸效应"会使得更多的财政资源被"粘"在原有的支出项目上,造成地方财政支出偏离提高居民福利水平的目标。再如,财政转移支付的"公共池效应"割裂了地方财政支出收益与税收成本之间的关系,由此形成的"软预算约束"问题会进一步激励地方财政支出结构安排偏向生产性支出。在地方政府竞争的背景下,政绩考核制度和官员晋升机制会进一步强化和加剧地方财政"重建设、轻民生"的支出结构偏向。总之,不合理的财政转移支付激励机制会导致地方政府进行支出结构安排时,偏向于提高生产性支出占比,降低民生性支出占比。鉴于假设5-1,普惠性、基础性、兜底性的民生性支出是建立解决相对贫困长效机制的关键[①],地方财政支出结构偏向于民生性支出有利于相对贫困治理,本书认为财政转移支付通过激励地方财政支出结构偏向生产性支出对相对贫困治理产生反向抑制作用。

财政转移支付通过地方财政支出结构影响相对贫困存在结构性差异。一般性转移支付原则上不指定具体用途,下级政府具有较强的自主支配权,地区间的横向经济竞争,加之自上而下的考核机制使得一般性转移支付容易受到地方政府支出偏好的制约,更加倾向于能够带来直接经济效益的经济建设支出,而益贫效果较强的民生性支出安排得不到充分有效的保障,这种地方财政支出结构的扭曲不利于相对贫困的治理。专项转移支付

[①] 赵然芬. 建立解决相对贫困的长效机制 [EB/OL]. 中国社会科学网,2020-09-09.

的目标设定是激励地方政府增加某些具有外部性的公共产品供给，而专款专用的限定性决定了专项转移支付，可能使地方财政支出"锁定"在有利于缓解相对贫困的民生性支出领域，从而对相对贫困的治理更具有针对性。根据上述理论分析，提出以下假设：

假设5-2：地方财政支出结构是财政转移支付影响相对贫困的重要传导机制，财政转移支付通过激励地方政府降低民生性支出占比，不利于相对贫困治理。

假设5-3：财政转移支付通过地方财政支出结构影响相对贫困存在结构性差异。

第二节 研究设计

一、模型构建

财政转移支付通过提高基本公共服务均等化水平实施相对贫困治理是财政转移支付制度设计的应然之义。在实然意义上，财政转移支付作为一种激励手段，能够改变地方政府的预算约束，对地方政府的财政支出决策形成激励，引发地方财政支出结构偏向问题影响了财政转移支付作用于相对贫困的最终结果。据此，可以将财政转移支付影响相对贫困的"应然之义"理解为财政转移支付作用于相对贫困的直接路径，将财政转移支付通过地方财政支出结构影响相对贫困的"实然过程"理解为财政转移支付作用于相对贫困的间接路径。为了实现"应然"和"实然"、"直接"与"间接"的结合，全面阐释财政转移支付对相对贫困的双重影响并进行效应比较，本书借鉴林春和孙英杰（2019）的做法，建立面板联立方程模型进行实证分析。之所以构建面板联立方程模型，是因为单方程模型易出现内生性问题，而联立方程模型不仅能有效解决这一问题，而且可以分解出各变量之间相互影响的直接和间接传导效应。具体模型构建如下：

$$\begin{cases} RPI_{it} = \beta_0 + \beta_1 FTP_{it} + \beta_2 FEB_{it} + \beta_3 AE_{it} + \beta_4 UR_{it} + \beta_5 LFG_{it} + \beta_6 MW_{it} + \varepsilon_{1t} \\ FEB_{it} = \alpha_0 + \alpha_1 FTP_{it} + \alpha_2 UER_{it} + \alpha_3 FD_{it} + \alpha_4 RIl_{it} + \alpha_5 RPD_{it} + \alpha_6 LGC_{it} + \varepsilon_{2t} \end{cases} \quad (5-1)$$

模型（5-1）中，i 表示省份，t 代表时间，相对贫困指数（RPI）、财政转移支付（FTP）、财政支出结构偏向（FEB）为核心变量，平均受教育年限（AE）、城镇化率（UR）、劳动力要素价格差异（LFG）、最低工资标准（MW）、失业率（UER）、财政分权水平（FD）、地区工业化水平（RIL）、地区人口密度（RPD）、地方政府竞争度（LGC）为控制变量，ε_{1t} 和 ε_{2t} 为模型（5-1）中两方程的随机扰动项。模型（5-1）属于联立方程模型，传统单一方程估计方法，如 OLS 或 2SLS 不能满足联立方程组可识别性和各方程扰动项不相关的基本假设。为了尽可能地减少估计偏差，本书运用三阶段最小二乘法（3SLS）对模型（5-1）进行参数估计。

二、数据来源及变量选取

本章研究中涉及的原始数据来自历年《中国统计年鉴》、全国财政决算报告以及省历年统计年鉴、财政决算报告、地方政府统计局网站。为了与国际统计口径相一致，减少调整口径和转换数据带来的问题，我国于2007年对《政府收支分类科目》进行了全面改革，不再按照经费性质设置科目，而是根据政府管理和部门预算的要求，按支出功能设置类、款、项三级科目，以确保指标的准确性和可比性。考虑到传导机制——"地方财政支出结构"与政府支出科目有关，本章主要使用 2007—2018 年的数据进行实证分析，以确保核心变量统计口径一致。此外，仍以 2000 年为基期，利用居民消费者价格指数对所有货币量指标进行平减，并对所有的总量指标进行对数化处理。主要变量选取及处理说明如下：

（一）被解释变量

相对贫困（RPI）。仍然运用相对贫困指数这一复合指标，需说明的是，本章仅采用 2007—2018 年的相对贫困数据。

（二）解释变量

财政转移支付（FTP）。使用 2007—2018 年的人均财政转移支付指标反映财政转移支付的规模，用人均一般性转移支付和人均专项转移支付指标表示财政转移支付的结构。

财政支出结构偏向（FEB）。本章使用财政支出结构偏向指标对地方财政支出结构进行衡量，并借鉴吕冰洋和张凯强（2018）的方法，使用地方财政民生性支出与地方财政一般公共预算支出的比值测度财政支出结构偏向，财政支出结构偏向指数越大，则地方财政民生性支出越多。其中，地方财政民生性支出主要包括地方教育支出、科学技术支出、文化传媒支出、社会保障与就业支出和医疗卫生支出。

（三）控制变量

①平均受教育年限（AE）。用地区人口受教育年限总和的平均数来表示，其中大专及以上文化程度赋值16，高中赋值12，初中赋值9，小学赋值6，文盲赋值0。②失业率（UER）。用地区城镇登记失业率表示。③城镇化率（UR）。用地区城镇人口占总人口比率来定义。④劳动力要素价格差异（LFG）。对地区城镇单位就业人员的平均工资按行业分类进行排序，以排名前四的平均工资与排名后四的平均工资的比值衡量劳动力要素价格差异。⑤财政分权水平（FD）。用地方本级人均财政支出/（本级人均财政支出+中央政府本级人均财政支出）来衡量。⑥最低工资（MW）标准。用地区每年公布月最低工资标准（第一档）衡量，考虑到一年中存在多次调整的情况，以每年年终数值作为标准。⑦地区工业化水平（RIL）。用地区第二产业增加值与地区GDP的比值衡量。⑧地区人口密度（RPD）。用地区年末常住人口与各省面积的比率表示。⑨地方政府竞争度（LGC）。用地区实际利用外商直接投资额与同时期全国实际利用外商直接投资额之比来表示。主要变量设置及统计性描述分析如表5-1所示：

表5-1 主要变量设置及统计性描述分析

变量	变量名	符号	样本	均值	标准差	最小值	最大值
被解释变量	相对贫困指数	RPI	336	0.8212	0.2154	0.2257	1.6575

续表

变量	变量名	符号	样本	均值	标准差	最小值	最大值
核心解释变量	财政转移支付	FTP	336	6.6554	0.8365	3.6889	8.3724
	财政支出结构偏向	FEB	336	0.3990	0.0419	0.1436	0.5060
控制变量	平均受教育年限	AE	336	2.0486	0.1650	1.2125	2.3862
	失业率	UER	336	3.5185	0.6140	1.7000	5.6000
	城镇化率	UR	336	0.5029	0.1331	0.2071	0.8927
	劳动力要素价格差异	LFG	336	2.3122	0.3019	1.7092	3.2150
	财政分权水平	FD	336	0.8300	0.0652	0.6345	0.9599
	最低工资标准	MW	336	6.8743	0.4544	5.8289	7.8160
	地区工业化水平	RIL	336	0.4320	0.0743	0.2145	0.5648
	地区人口密度	RPD	336	5.1475	1.5143	0.8242	8.2697
	地方政府竞争度	LGC	336	0.0561	0.0698	0.0001	0.3201

第三节 实证结果与分析

一、实证结果

财政转移支付与财政支出结构偏向影响相对贫困的回归结果如表5-2所示，财政转移支付、财政支出结构偏向、相对贫困三者之间的关系体现在以下三个方面。

（一）财政转移支付对相对贫困的影响分析

在表5-2的方程（1）中，财政转移支付影响相对贫困的回归系数为

−0.0569，在1%水平下显著，这表明财政转移支付对相对贫困存在规模效应，即财政转移支付的规模每增加1%，相对贫困指数平均下降0.0569%，主要原因在于财政转移支付的规模逐年扩大且瞄准率逐步提高。从2007年到2020年，财政转移支付由18137.89亿元增至77225.78亿元，人均财政转移支付由1372.74元升至5468.78元，年均增长率为11.22%。从地区和项目来看，2020年老少边穷地区财政转移支付达到2790.92亿元，中央财政城镇保障性安居工程补助资金706.98亿元，困难群众救助补助资金1483.97亿元，就业补助资金538.78亿元，优抚对象补助经费439.34亿元，残疾人事业发展补助资金14.40亿元，医疗救助补助资金286.09亿元，农业生产发展资金1846.38亿元，农村危房改造补助资金184.50亿元，这些财政转移支付项目总额占财政转移支付总额的10.74%[①]，基于这些项目都与相对贫困治理有密切关系，这意味着至少十分之一以上的财政转移支付资金直接瞄准贫困群体，受益对象的精准性不仅提高了财政资金的使用效率，而且有效缓解了相对贫困。

（二）财政支出结构偏向对相对贫困的影响分析

在表5-2的方程（1）中，财政支出结构偏向与相对贫困的回归系数为−0.1001，且在5%的水平下显著，这表明地方财政支出结构偏向民生性支出能有效缓解相对贫困，验证了研究假设5-1。地方财政民生性支出作为典型的益贫性支出，对调节收入分配与治理相对贫困具有自身优势。这主要表现在：社会保障支出可以直接增加低收入群体纯收入；教育、科技和文化传媒支出作为人力资本形成与积累的重要途径能够提高贫困群体的综合素质，增强创收能力，进而缩小与高收入群体的收入差距；医疗卫生支出可以提升贫困群体的健康水平，增加就业机会进而改善收入状况。从地方财政支出结构中民生性支出占比的变化看，2007年地方财政主要支出项目中，教育支出、科学技术支出、文化传媒支出、社会保障与就业支出和医

---

① 预算司.2020年中央对地方转移支付决算表［EB/OL］.中华人民共和国财政部，2021-06-29.

疗卫生支出分别为 7122.32 亿元、1783.04 亿元、898.64 亿元、5447.16 亿元、1789.96 亿元，占支出总额的 34.23%，2020 年这些项目支出分别上升为 34686.34 亿元、5801.86 亿元、3995.34 亿元、31448.53 亿元、18873.41 亿元，支出总额占比上至 45.02%，地方财政支出结构中民生性支出占比的提高有效降低了相对贫困指数。

（三）财政转移支付对财政支出结构偏向的影响分析

财政转移支付对财政支出结构偏向的回归结果如表 5-2 的方程（2）所示。在方程（2）中，财政转移支付对财政支出结构偏向影响的回归系数为-0.1422，在1%水平上显著，意味着财政转移支付规模的扩大反而减少了地方财政民生性支出占比，这印证了一些学者的研究结论（储德银和邵娇，2018）。其原因在于：中国式财政分权体制下，地方普遍存在"增长竞争"现象，为了在竞争中获得更大优势，地方政府在财政支出安排中更偏向具有直接经济效益的生产性支出。特别是在财政转移支付制度不尽规范的情况下，财政转移支付不仅会提升地方政府机会主义行为的概率，强化地方政府竞争对财政支出结构偏向的激励，而且会引发"粘蝇纸效应"和"公共池效应"，进一步构成对财政支出结构偏向的激励，造成地方财政民生性支出占比不能随着财政转移支付规模的扩大而提高。

表 5-2　财政转移支付与财政支出结构偏向影响相对贫困的回归结果

方程	（1）RPI	（2）FEB
FTP	-0.0569*** (0.0159)	-0.1422*** (0.0516)
FEB	-0.1001*** (0.0325)	
AE	0.3796** (0.1519)	
UR	-0.0055*** (0.0021)	

续表

方程	（1）RPI	（2）FEB
LFG	0.0734** (0.0308)	
MW	0.0366 (0.0310)	
UER		-0.3777*** (0.0727)
FD		-3.0960*** (0.7142)
RIL		-2.4300*** (0.6433)
RPD		0.1020*** (0.0341)
LGC		0.9756*** (0.8134)
时间效应	Y	Y
N	336	336

注：（1）括号内为稳健标准误；（2）***、**、*分别表示1%、5%、10%水平下的显著性。

在控制变量中，劳动力要素价格差异（LFG）的回归系数显著为正，表明劳动力要素价格差异的增大会加大相对贫困状况。相较于绝对贫困，相对贫困与财富、收入在不同群体间的分配有关①，意指财富过多地向富人群体集中，部分社会成员无法获得社会公认的基本生活保障而处于比较劣势的地位。社会财富分配包括初次分配和再分配两个阶段，要素价格差异所导致的初始分配不公平是相对贫困形成的逻辑起点，劳动力要素价格差异的扩大会带来相对贫困指数的上升。

---

① 高强．脱贫攻坚与乡村振兴有效衔接的再探讨——基于政策转移接续的视角［J］．南京农业大学学报（社会科学版），2020，20（4）：49-57.

城镇化率（UR）的回归系数显著为负，表明城镇化进程的加快缓解了相对贫困。原因是加快城镇化进程能够降低地区经济活动的交易成本，推动资源在地区间的流动，尤其是加速劳动力资源从不发达地区向发达地区的转移，如此会加剧发达地区劳动力市场的竞争而降低劳动回报率；此外，落后地区劳动力向发达地区的流动将减少落后地区的剩余劳动力，提高落后地区的劳动生产率和收入水平。而落后地区劳动力规模的下降以及发达地区劳动力规模的上升分别对应着落后地区劳动工资的上升和发达地区劳动工资的下降，地区间劳动报酬均等化会使得收入差距缩小[①]，进而相对贫困得以缓解。

平均受教育年限（AE）的回归系数显著为正，说明平均受教育年限的增加反而不利于缓解相对贫困。接受教育是实现阶层流动、缩小收入差距的重要途径，然而教育分化或教育不平等则会扩大收入差距，恶化相对贫困状况。相对于高收入阶层，低收入阶层接受高等教育的机会较少。研究显示高考扩招后，管理人员、商业从业人员和办事人员子女上大学的机会分别是农民工子女的7.6倍、4.9倍和7.2倍[②]。此外，高收入阶层子女受教育年限一般也比低收入阶层子女受教育年限长，这会造成高、低收入阶层之间教育的不平等，因此，在实证结果中表现为平均受教育年限的增加反而不利于相对贫困问题的解决。

二、机制识别

为了进一步识别财政转移支付与财政支出结构偏向影响相对贫困的传导机制与传导效应，本书对面板联立方程模型（5-1）进行标准化回归，也就是将各个变量减去均值再除以标准差之后进行回归，以期实现不同单位变量之间的比较。同时，为了尽可能地减少估计偏差，依然采用三阶段最小二乘法进行参数估计，回归结果如表5-3所示。

[①] 陆铭，陈钊. 城市化、城市倾向的经济政策与城乡收入差距[J]. 经济研究，2004(6)：50-58.

[②] 余秀兰. 教育还能促进底层的升迁性社会流动吗[J]. 高等教育研究，2014, 35（7）：9-15.

表 5-3 财政转移支付与财政支出结构偏向影响相对贫困的标准化回归结果

方程	（1）RPI	（2）FEB
FTP	-0.2208*** (0.0619)	-0.1442*** (0.0523)
FEB	-0.3839*** (0.1247)	
AE	0.2908** (0.1164)	
UR	-0.3395*** (0.1282)	
LFG	0.1029 (0.0711)	
MW	0.0772 (0.0654)	
UER		-0.2809*** (0.0540)
FD		-0.2445*** (0.0564)
RIL		-0.2188*** (0.0579)
RPD		0.1871*** (0.0625)
LGC		0.0824*** (0.0687)
时间效应	Y	Y
N	336	336

注：(1) 括号内为稳健标准误；(2) ***、**、*分别表示1%、5%、10%水平下的显著性。

由表 5-3 标准化回归结果可知，所有核心变量的回归系数均在较高显著性水平下通过检验，表明财政转移支付不仅可以直接作用于相对贫困，还可以通过影响财政支出结构偏向间接作用于相对贫困，即存在"财政转移支付→相对贫困"的直接作用机制和"财政转移支付→财政支出结构偏向→相对贫困"的间接作用机制，地方财政支出结构是财政转移支付影响相对贫困的重要传导机制。

在标准化回归分析的基础上，进一步分解财政转移支付与财政支出结构偏向影响相对贫困的直接效应、间接效应和总效应，如表5-4所示。

表5-4 财政转移支付影响相对贫困的传导机制与效应比较

项目	传导机制	效应测算	测算结果	总效应
直接效应	财政转移支付→相对贫困	β_1	-0.2208	-0.1654
间接效应	财政转移支付→财政支出结构偏向→相对贫困	$\beta_2 \times \alpha_1$	0.0554	

依据表5-4，财政转移支付影响相对贫困的总效应值为-0.1654，其中包括直接与间接两种传导效应。一是财政转移支付规模的扩大会直接降低相对贫困指数，直接效应值为-0.2208，意味着我国财政转移支付具有较好的相对贫困治理功能。二是财政转移支付通过降低地方财政民生性支出的占比对相对贫困治理产生抑制效应，间接效应值为0.0554，表明财政转移支付作为一种制度激励，影响了地方财政支出决策，扭曲了地方财政支出结构，进而对缓解相对贫困产生了负面影响，由此验证了研究假设5-2。整体来看，尽管财政转移支付有利于相对贫困的治理，但也应关注对地方财政支出决策产生的负向激励及其导致的地方财政支出结构不合理问题。

三、异质性分析

财政转移支付对相对贫困的影响受到地区经济发展水平与地方政府财政自给程度等因素的制约。基于此，为了比较不同地区、不同财政能力组财政转移支付通过地方财政支出结构影响相对贫困的异质性，本书将全样本分为东部和中西部地区，以及高财政能力组和低财政能力组，并分别进行实证分析。

(一) 地区异质性分析

地区异质性回归结果如表 5-5 所示。从表 5-5 中可以看出，核心解释变量的回归系数均通过了显著性检验，且回归系数符号与表 5-2 相吻合，证明了基础回归结果的稳健性，地区异质性回归结果可以从三个方面加以解析。

第一，财政转移支付对相对贫困的直接影响效应存在地区差异，财政转移支付缓解相对贫困的直接效应在中西部省份更为显著。究其原因，我国长期实行向中西部省份倾斜的财政转移支付政策，2019 年起中西部财政转移支付规模占全国总规模的八成以上①，有效发挥了基本公共服务均等化的功效，加之中西部省份贫困群体相对集中，财政转移支付瞄准率较高，故中西部省份财政转移支付发挥了较强的再分配作用，显著地缓解了地区相对贫困。

第二，无论是东部还是中西部地区，民生性支出缓解相对贫困的功能均显著，但在中西部地区更为突出。相对贫困表现为基本可行能力被剥夺的状态，尤其在医疗卫生、教育、社会保障与就业等可行能力方面不充足。相较于发达的东部地区，中西部地区的民生性项目相对缺乏，基于边际效用递减规律，同等单位的民生性支出对中西部地区居民可行能力的提高更为有效，缓解相对贫困的作用也更明显。

第三，地区差异不会改变财政转移支付对地方财政支出结构的扭曲，且这种表现在东部地区更为突出。究其原因，东部地区经济发达，自身财力较为充裕，而西部地区经济发展相对落后，自身财力不足，相比之下中西部地区对中央财政转移的依赖度更高，这就意味着中西部地区政府行为更易受中央政府宏观调控硬约束，地方财政支出安排需要与中央政策一致。而东部地区因为财政自给度更高，根据自身财政支出偏好安排财政转

---

① 曾金华. 今年中央财政对地方转移支付安排 75399 亿元 [EB/OL]. 凤凰网, 2019-06-04.

移支付资金的空间更大，财政转移支付对东部地区财政支出结构偏向的影响更明显。

综合这三个方面的回归结果，财政转移支付在中西部地区缓解相对贫困的效果更好。

表 5-5 地区异质性回归结果

方程	东部地区		中西部地区	
	（1）RPI	（2）FEB	（3）RPI	（4）FEB
FTP	-0.0162*** (0.0024)	-0.2194** (0.0907)	-0.0517* (0.0311)	-0.2093** (0.0879)
FEB	-0.0558* (0.0328)		-0.1173*** (0.0447)	
AE	0.3598* (0.2134)		0.4418** (0.2167)	
UR	-0.0015* (0.0008)		-0.0068** (0.0027)	
LFG	0.1104 (0.0795)		0.0798 (0.0643)	
MW	0.0101 (0.0455)		0.0748* (0.0405)	
UER		-0.4737*** (0.1260)		-0.3426*** (0.0879)
FD		-3.8811*** (1.1864)		-3.3735*** (0.9388)
RIL		-3.1255** (1.2936)		-1.8675** (0.7608)
RPD		0.0207 (0.0683)		0.1203*** (0.0420)
LGC		1.5506 (1.2897)		0.4297 (1.0328)

第五章 财政转移支付影响相对贫困的机制检验：地方财政支出结构

续表

方程	东部地区		中西部地区	
	（1）RPI	（2）FEB	（3）RPI	（4）FEB
时间效应	Y	Y	Y	Y
N	108	108	228	228

注：（1）括号内为稳健标准误；（2）＊＊＊、＊＊、＊分别表示1%、5%、10%水平下的显著性。

（二）财政能力异质性分析

地方政府对于财政转移支付资金的使用方向受制于地方财政能力。地方财政自给程度的初始条件不同，对中央财政转移支付的依赖程度也会有所区别，进而下沉至地方财政支出结构安排层面就会有所差异。基于此，为了进一步比较不同财政能力下财政转移支付通过地方财政支出结构影响相对贫困的差异性，将全样本划分为高财政能力组和低财政能力组加以分析。

表5-6给出了财政能力异质性视角下财政转移支付与财政支出结构偏向影响相对贫困的回归结果。由方程（1）和方程（3）可知，不同财政能力组中财政转移支付和财政支出结构偏向的回归系数均显著为负，表明财政转移支付具有直接缓解相对贫困的作用，而地方财政支出结构向民生性支出的偏向也有利于降低相对贫困指数，这证明了基准回归结果的稳健性。方程（2）和方程（4）报告了财政转移支付对财政支出结构偏向的影响结果，从中可以看出，在高、低财政能力组中，财政转移支付都存在扭曲财政支出结构的激励，相比之下，低财政能力组中这种扭曲激励较弱。财政能力越低，意味着财政自主性越差，对中央财政转移支付的依赖程度越高，地方财政支出的自由度就越小，进而地方会将财政转移支付资金更多地投向刚性强的民生性支出领域，这是财政转移支付对地方财政支出结构的扭曲在低财政能力组中更弱的主要原因所在。由于低财政能力组中民生性支出缓解相对贫困的效果很明显，强化了财政转移支付激励财政

131

支出结构偏向对相对贫困治理的传导效应,但财政转移支付降低相对贫困的直接效应在低财政能力组中更大,在直接和间接效应叠加下,财政转移支付治理相对贫困的质效在低财政能力组中更为突出。

表5-6 财政能力异质性回归结果

方程	高财政能力组		低财政能力组	
	(1) RPI	(2) FEB	(3) RPI	(4) FEB
FTP	-0.0345* (0.0187)	-0.1680** (0.0686)	-0.0823** (0.0364)	-0.1398** (0.0579)
FEB	-0.0650* (0.0363)		-0.1512** (0.0593)	
AE	0.1968 (0.1832)		0.7257** (0.2879)	
UR	-0.0028*** (0.0006)		-0.0095*** (0.0035)	
LFG	0.0444 (0.0645)		0.1120 (0.0817)	
MW	0.0046** (0.0016)		0.0946* (0.0555)	
UER		-0.4821*** (0.1010)		-0.2817*** (0.1002)
FD		-3.1587*** (0.9213)		-3.9796*** (1.2808)
RIL		-3.7020*** (0.9688)		-1.6836* (0.8720)
RPD		0.0679 (0.0508)		0.1472*** (0.0482)
LGC		1.5413 (1.0897)		0.1815 (1.1466)
时间效应	Y	Y	Y	Y

续表

方程	高财政能力组		低财政能力组	
	(1) RPI	(2) FEB	(3) RPI	(4) FEB
N	168	168	168	168

注：(1) 括号内为稳健标准误；(2) ***、**、* 分别表示1%、5%、10%水平下的显著性。

四、稳健性检验

为了保证回归结果的可靠性，从变换样本、变换被解释变量与变换解释变量三个方面开展稳健性检验。

（一）变换样本

变换样本的主要做法是使用农村相对贫困指数替代城镇相对贫困指数。表5-7描述了以农村相对贫困指数为样本的稳健性检验结果，方程（1）中，财政转移支付的回归系数显著为负，表明财政转移支付有利于缓解农村相对贫困，财政支出结构偏向的回归系数显著为负，意味着地方政府偏向民生性项目的财政支出结构安排有利于相对贫困治理。方程（2）中财政转移支付对财政支出结构偏向的影响显著为负，表明财政转移支付会促使地方政府降低民生性支出占比。尽管变换了样本，但变量的符号和显著性与基准回归结果基本吻合，核心变量的回归系数均显著，这进一步说明地方财政支出结构是财政转移支付影响相对贫困的重要传导机制，证明了基准研究结论的稳健性。

表5-7 变换样本的稳健性检验结果

方程	(1) RPI	(2) FEB
FTP	-0.0605** (0.0293)	-0.1331** (0.0540)
FEB	-0.1052*** (0.0262)	

续表

方程	(1) RPI	(2) FEB
AE	0.2496* (0.1341)	
UR	-0.0035* (0.0020)	
LFG	0.0145 (0.0463)	
MW	0.0997 (0.0916)	
UER		-0.3678*** (0.0777)
FD		-3.0212*** (0.7464)
RIL		-2.5046*** (0.6878)
RPD		0.1092*** (0.0365)
LGC		1.0135 (0.8620)
时间效应	Y	Y
N	288	288

注：(1) 括号内为稳健标准误；(2) ***、**、* 分别表示1%、5%、10%水平下的显著性。

（二）变换被解释变量

本书被解释变量是相对贫困指数（RPI），即相对贫困发生率与相对贫困程度的乘积。考虑基尼系数也可以用于反映社会成员内部的收入分配状况，故选用基尼系数衡量相对贫困程度，并与相对贫困发生率相乘形成又一复合指标对相对贫困指数（RPI）进行替换，在此基础上进行回归估计，结果如表5-8所示，检验结果和基准回归分析结果一致。

表 5-8　变换被解释变量的稳健性检验结果

方程	（1）RPI	（2）FEB
FTP	-0.0153*** (0.0043)	-0.1456*** (0.0517)
FEB	-0.0190** (0.0087)	
AE	0.0680 (0.0416)	
UR	-0.0014** (0.0006)	
LFG	0.0168 (0.0139)	
MW	0.0054 (0.0084)	
UER		-0.3849*** (0.0734)
FD		-3.1583*** (0.7189)
RIL		-2.5004*** (0.6555)
RPD		0.0938*** (0.0345)
LGC		1.0561 (0.8309)
时间效应	Y	Y
N	336	336

注：(1) 括号内为稳健标准误；(2) ***、**、* 分别表示1%、5%、10%水平下的显著性。

(三) 变换解释变量

本书的核心解释变量是财政支出结构偏向，用于阐释地方财政支出更偏向于生产性支出还是民生性支出，在基准回归中用地方财政民生性支出占地方财政一般公共预算支出的比值加以测度。出于生产性支出与民生性支出①的比值也能用于测度地方财政支出偏向的考虑，采用这一指标对基准结论进行稳健性检验，该指标比值越大，表明地方财政越偏向民生性支出。采用变换解释变量方法的回归结果如表5-9所示，与基准回归相比，在变换解释变量之后，核心变量的显著性及回归系数符号并未发生根本性的变化，研究结论仍然成立。

表5-9 变换解释变量的稳健性检验结果

方程	（1）RPI	（2）FEB
FTP	-0.0504*** (0.0151)	-0.1850*** (0.0445)
FEB	-0.2215*** (0.0601)	
AE	0.3255** (0.1507)	
UR	-0.0050** (0.0021)	
LFG	0.0571 (0.0495)	
MW	0.0146 (0.0310)	
UER		-0.1980*** (0.0387)

---

① 生产性支出口径的计算借鉴范庆泉等的统计方法，将基本建设、农林水利、气象、交通运输和工商业等支出归为生产性支出。

续表

方程	（1）RPI	（2）FEB
FD		-1.7857*** (0.4484)
RIL		-1.1563*** (0.3088)
RPD		-0.0046*** (0.0171)
LGC		0.6488 (0.3939)
时间效应	Y	Y
N	336	336

注：（1）括号内为稳健标准误；（2）＊＊＊、＊＊、＊分别表示1%、5%、10%水平下的显著性。

第四节 财政转移支付影响相对贫困的结构性差异分析

一、实证结果

为了分析不同类型财政转移支付通过地方财政支出结构影响相对贫困的结构性差异，本书依托面板联立方程模型（5-1），引入人均一般性转移支付和人均专项转移支付两个变量再次进行回归估计，回归结果如表5-10所示。

表 5-10 财政转移支付影响相对贫困结构性差异的回归结果

方程	一般性转移支付		专项转移支付	
	(1) RPI	(2) FEB	(3) RPI	(4) FEB
FTP	-0.0407*** (0.0121)	-0.0978** (0.0396)	-0.0699*** (0.0180)	0.1406** (0.0596)
FEB	-0.1024*** (0.0329)		-0.0964*** (0.0320)	
AE	0.3864** (0.1523)		0.3686** (0.1511)	
UR	-0.0054** (0.0021)		-0.0054*** (0.0021)	
LFG	0.0777 (0.0510)		0.0675 (0.0504)	
MW	0.0400 (0.0314)		0.0330 (0.0306)	
UER		-0.3728*** (0.0727)		-0.3701*** (0.0729)
FD		-2.9763*** (0.7141)		-3.1448*** (0.7191)
RIL		-2.4498*** (0.6426)		-2.4490*** (0.6478)
RPD		0.1066*** (0.0340)		0.1034*** (0.0342)
LGC		1.0005 (0.8153)		1.0993 (0.8120)
时间效应	Y	Y	Y	Y
N	336	336	336	336

注：(1) 括号内为稳健标准误；(2) ***、**、* 分别表示 1%、5%、10% 水平下的显著性。

由表 5-10 可知，一般性转移支付、专项转移支付均与相对贫困指数显著负相关，表明两种不同类型的财政转移支付对相对贫困治理均存在直接促进作用。此外，一般性转移支付对财政支出结构偏向影响的回归系数为-0.0978，表明一般性转移支付水平的上升会促使地方政府降低有利于贫困群体增收的民生性支出占比；相反，专项转移支付影响财政支出结构偏向的回归系数为 0.1406，说明专项转移支付规模每增长 1%，民生性支出占比提高 0.1406%，专项转移支付规模的扩大提高了地方财政支出结构中民生性支出的占比。不同类型财政转移之所以对地方财政支出结构的激励存在差异，原因可能在于：一般性转移支付不指定具体用途，下级政府具有较强的自主支配权，更能按其偏好使用资金，优先安排能带来直接经济利益的生产性支出；而专项转移支付限定资金的具体用途，重点用于民生性支出领域。此外，为了解决部分公共产品成本外溢造成的供给不足问题，中央以委托事权的方式将项目资金专项拨付给地方政府，而这类专项转移支付的资金使用效益往往被纳入绩效考核范围，资金被挪用的空间较小，专项转移支付有利于地方财政民生性支出占比的提高。

二、机制识别

为了识别不同类型财政转移支付通过财政支出结构偏向影响相对贫困的传导机制和传导效应，对各个变量进行标准化处理，并使用三阶段最小二乘法进行参数估计，回归结果如表 5-11 所示。

表 5-11 财政转移支付影响相对贫困结构性差异的标准化回归结果

方程	一般性转移支付		专项转移支付	
	（1）RPI	（2）FEB	（3）RPI	（4）FEB
FTP	-0.0443*** (0.0132)	-0.1291** (0.0523)	-0.0502*** (0.0129)	0.1224* (0.0518)
FEB	-0.0846*** (0.0271)		-0.0796*** (0.0264)	

续表

方程	一般性转移支付		专项转移支付	
	（1）RPI	（2）FEB	（3）RPI	（4）FEB
AE	0.0638** (0.0251)		0.0608** (0.0249)	
UR	-0.0716** (0.0276)		-0.0720*** (0.0274)	
LFG	0.0235 (0.0154)		0.0204 (0.0152)	
MW	0.0182 (0.0143)		0.0150 (0.0139)	
UER		-0.2773*** (0.0540)		-0.2753*** (0.0542)
FD		-0.2350*** (0.0564)		-0.2483*** (0.0569)
RIL		-0.2206*** (0.0579)		-0.2205*** (0.0583)
RPD		0.1956*** (0.0623)		0.1897*** (0.0628)
LGC		0.0845 (0.0689)		0.0929 (0.0686)
时间效应	Y	Y	Y	Y
N	336	336	336	336

注：（1）括号内为稳健标准误；（2）***、**、*分别表示1%、5%、10%水平下的显著性。

由表5-11标准化回归结果可知，所有核心变量的回归系数均在较高显著性水平下通过检验，表明一般性转移支付、专项转移支付不仅可以直接影响相对贫困，还可以通过影响地方财政支出结构间接作用于相对贫困，其中一般性转移支付通过降低地方财政支出结构中民生性支出占比反向抑制相对贫困治理,专项转移支付则通过提高地方财政支出结构中民生性支出占比对相对贫困治理产生正向效应,财政转移支付通过地方财政支出结构影响相对贫困存在结构性差异,验证了研究假设5-3。

在表5-11的基础上,本书进一步分解不同类型财政转移支付与财政支出结构偏向影响相对贫困的直接效应、间接效应和总效应,如表5-12所示。

表5-12　不同类型财政转移支付影响相对贫困的传导机制与效应比较

传导效应	传导效应	效应测算	测算结果	总效应
直接效应	一般性转移支付→相对贫困	β_1	-0.0443	-0.0334
间接效应	一般性转移支付→财政支出结构偏向→相对贫困	$\beta_2 \times \alpha_1$	0.0109	
直接效应	专项转移支付→相对贫困	β_1	-0.0502	-0.0599
间接效应	专项转移支付→财政支出结构偏向→相对贫困	$\beta_2 \times \alpha_1$	-0.0097	

依据表5-12的结果,一般性转移支付影响相对贫困的直接效应值为-0.0443,间接效应值为0.0109,总效应值为-0.0334,表明一般性转移支付作为财政转移支付的核心部分,其制度设计中包含的基本公共服务均等化思考,对降低相对贫困指数具有直接效应,但囿于一般性转移支付资金在使用过程中不规定具体的用途,使得地方政府容易按照自身偏好进行支配使用,由此引发的生产性支出结构偏向抑制了其缓解相对贫困的功效。专项转移支付影响相对贫困的直接效应值为-0.0502,间接效应值为-0.0097,总效应值为-0.0559,说明专项转移支付同样具有直接缩小相对贫困指数的作用,并且因为专项转移支付限定资金的用途和去向,往往被"锁定"在民生性支出领域,所以专项转移支付还具有提高民生性支出占比,进而有利于相对贫困治理的间接作用。

第五节 本章小结

2020年后缓解相对贫困成为贫困治理的重点目标与根本性诉求。本章运用2007—2018年省级面板数据，构建面板联立方程模型实证检验财政转移支付与地方财政支出结构影响相对贫困的直接和间接机制，并在此基础上进行了异质性分析、稳定性检验，同时深入探讨了财政转移支付通过地方财政支出结构影响相对贫困的结构性差异。

本章的实证研究得出了四个结论：第一，提高地方财政支出结构中民生性支出的占比能够有效缓解相对贫困。第二，财政转移支付在相对贫困治理上具有规模效应。一方面财政转移支付规模的扩大能直接降低相对贫困指数，另一方面财政转移支付规模的扩大会扭曲地方财政支出行为，通过降低地方财政支出结构中民生性支出的占比对相对贫困治理产生间接抑制作用。第三，不同地区和不同财政能力组估计结果显示，财政转移支付对地方财政支出结构的扭曲效应在东部地区和高财政能力组更强，因此中西部地区和低财政能力组中财政转移支付治理相对贫困的效果更好。第四，尽管一般性转移支付与专项转移支付规模的扩大都能直接缓解相对贫困，但这两种形式通过影响地方财政支出结构作用于相对贫困的间接路径和效应存在结构性差异。一般性转移支付规模的扩大会促使地方政府偏向生产性支出，进而对相对贫困治理产生负面效应，而专项转移支付规模的扩大却可以通过提高财政支出结构中民生性支出的占比，对相对贫困治理产生正向效应。

第六章

财政转移支付影响相对贫困的机制检验：地方税收努力

财政转移支付作为中央与地方利益再分配的手段，在改变地方财政预算约束的情境下，不仅会对地方财政支出结构产生激励，而且会影响地方财政收入决策，而财政收入决策的调整又会通过改变地方税收努力影响区域经济增长和社会整体福利（李永友、张帆，2019），进而会对地区相对贫困产生影响。因此，在第五章对财政转移支付通过地方财政支出结构影响相对贫困实证分析的基础上，本章进一步验证财政转移支付通过地方税收努力影响相对贫困的传导路径，以期全面考察财政转移支付通过影响地方财政收支决策对相对贫困的影响。

第一节 理论分析与研究假设

一、地方税收努力影响相对贫困的机制

地方税收努力是指税务部门发挥自身征税能力的程度，反映税务部门的税收征管效率。提高地方税收努力对相对贫困的治理可以发挥积极的作用，这主要体现在三个方面。

（一）增强地方税收努力可以降低税收体系的逆向调节效应

税收公平是税收制度设计的最基本原则，税收是国家进行收入初次分配和再分配最直接有效的工具，这集中体现在分别以生产税和收入税的方

式参与国民收入的初次分配和再分配（柳光强、张馨予，2015）。在实践中，我国税收制度在收入分配方面存在着逆向调节效应，地方税收征管不力是这一问题产生的主要原因（马万里，2017；孔翠英，2017）。一方面，以所得税和财产税为核心的直接税具有税负不易转嫁、累进性强的特点，加之设置税前扣除范围和实施减免优惠政策，使得直接税能够有效地发挥收入分配功能，但税收征管能力不足使得直接税无法充分发挥其应有的收入调节功能（陈海林、周镖，2021）。另一方面，由于高收入群体逃避税收征管的意愿和能力较强，当地方税收努力不足时，高收入群体往往被漏出在税收调节之外，加剧了收入分配差距（白重恩等，2015）。由此可见，提高地方税收努力将有效增强税收的收入再分配效应，缩小居民收入差距，为相对贫困治理提供制度保障。

（二）提高地方税收努力可以降低隐性经济规模

隐性经济是指逃避政府征税和管制，且未被纳入政府统计监测范围的一切经济活动及收入（Schneider and Medina，2017）。白重恩等结合半对数二次型恩格尔单方程模型测度了我国隐性收入的规模，研究结果显示隐性收入存在总量效应和结构效应。总量效应是指隐性收入规模与收入水平成正比例关系，结构效应是指财产性收入和工资性收入的隐瞒程度较高，经营性收入和转移性收入的隐瞒程度较低。高收入群体的收入水平较高，收入来源中财产性收入、工资性收入的占比较大，相较于低收入群体，高收入群体的隐性收入更多，逃避征税的内在动机也更强。因此，隐性收入的存在进一步扩大了高、低收入群体之间的收入差距，恶化了相对贫困状况。[①] 提高地方税收努力不仅可以通过税务稽查发现企业和个人的逃税行为，直接减少隐性经济规模，而且随着税收征管力度的加大，企业和个人逃税被查处的风险随之加大，有助于提高企业和个人的纳税遵从度，间接减少隐性经济规模（Schneider and Enste，2000），这在一定程度上缩小了

---

① 白重恩，唐燕华，张琼. 中国隐性收入规模估计——基于扩展消费支出模型及数据的解读 [J]. 经济研究，2015，50（6）：4-18.

群体间收入差距，对相对贫困治理带来积极影响。

（三）提高地方税收努力能够增强地方财力

在其他因素不变的情形下，地方税收努力与地方财力水平之间呈现正相关，强化地方税收努力会提高地方政府财力水平。而地方财力的增强一方面可以为地方政府扩大财政支出规模提供财力支持，保障地方政府公共产品和服务的供给数量和质量（刘建民等，2016）；另一方面，依据地方财政支出结构调整的增量原则，在不改变原有地方财政支出结构的基础上，地方财力增长可以扩大民生性支出的规模（朱青，2008），进而能够克服地方政府"重生产，轻民生"的财政支出偏好，为扩大民生性支出规模提供财力支撑，保障民生性公共产品的有效供给，进而助力于解决相对贫困问题，由此提出假设：

假设6-1：提高地方税收努力有利于相对贫困治理。

二、财政转移支付与地方税收努力影响相对贫困的机制

财政转移支付对地方税收努力具有收入和激励双重影响。一方面，财政转移支付直接增加地方财政收入，可以缓解地方收入预算约束，促使地方政府重新调整收入决策。在地区间税收竞争的压力下，基于财政转移支付相对于征税的低成本考虑，地方政府会选择用财政转移支付替代税收，采取降低辖区内征税努力以提高经济灵活性的占优策略，由此产生财政转移支付抑制地方税收努力的影响。另一方面，地方财政收入决策受多种因素的制约，财政转移支付对地方税收努力也可能产生正向激励。如果财政转移支付产生"鞭打快牛"的问题，就可能阻抑地方政府经济发展的积极性，进而带来财政收入下降。同时，如果财政转移支付造成地方财政支出规模扩大，为了满足财政支出增长的需要，则会增加地方税收努力以确保财政平衡。综合以上分析，财政转移支付对地方税收努力同时兼具正反双重作用，而地方税收努力与相对贫困密切关联，根据假设6-1，提高地方税收努力有利于相对贫困治理。由此可见，财政转移支付可以通过影响地方税收努力作用于相对贫困，其对相对贫困治理的效果取决于财政转移支

付对地方税收努力的作用方向。

基于不同类型财政转移支付的分配公式与功能定位不同，财政转移支付通过地方税收努力对相对贫困的影响存在结构性差异。具体表现为：一般性转移支付按因素法进行分配，对地方政府而言具有很强的无偿性，易被地方政府视为对征税的替代，为了获得更多的一般性转移支付资金，地方政府存在降低税收努力的动机，这会减少地方政府自有财力，也弱化了税收收入再分配职能，进而不利于相对贫困的治理。专项转移支付能够降低地方政府提供公共产品的价格，这种替代效应对地方税收努力将形成正向激励（胡祖铨等，2013）。此外，在专项转移支付需要配套的条件下，地方政府更有动力增加自身财力，这在客观上也会激发地方政府提高税收努力，对地方相对贫困治理产生积极作用。基于以上分析，提出假设：

假设6-2：地方税收努力是财政转移支付影响相对贫困的又一重要传导机制，财政转移支付可以通过影响地方税收努力作用于相对贫困。

假设6-3：财政转移支付通过地方税收努力影响相对贫困存在结构性差异。

三、财政转移支付对相对贫困的非线性影响

在我国，财政转移支付通过地方税收努力对相对贫困的影响具有一定的复杂性。其基本逻辑在于，我国现行税制在初始制度设计上沿循"宽打窄用"的思路，通过"宽打"的税制架构确保"窄用"的税收收入规模，税收征管力度偏弱使得我国法定税负与实际税负存在较大的差别，保留了巨大的"征管空间"（吕冰洋、郭庆旺，2011）。换言之，地方政府较低的税收努力实际上给纳税主体营造了一个相对宽松的税收环境，削弱了税收的收入再分配功效，即如果能按照税收法定原则加大税收征管力度，提高税收努力，则税收的再分配功能将得以有效发挥，并有利于我国相对贫困问题的解决。但这并不表示提高地方税收努力与缓解相对贫困之间具有完全正相关性，还需要考虑其他的现实条件，比如最优税率的设计，因为过于严格的税收执法可能会带来税收收入的减少，不利于地方公共产品的供给，进而不利于解决相对贫困问题。再如，我国以间接税为主体的税制结

构具有累退性，提升地方税收努力可能造成宏观税负增加，加剧收入分配的不公平，当宏观税负增加的负效应大于税收收入再分配的正效应时，就会弱化地方税收努力对相对贫困治理的正效应。基于以上分析，提出假设：

假设6-4：地方税收努力不同，财政转移支付对相对贫困的影响效应就不同，存在地方税收努力的"激励拐点"。

第二节 模型构建与数据说明

一、模型构建

本书将财政转移支付的基本公共服务均等化功能理解为财政转移支付影响相对贫困的直接路径，将财政转移支付通过改变地方税收努力影响相对贫困视为财政转移支付影响相对贫困的间接路径。为了验证这两种作用路径，借鉴储德银和费冒盛（2021）的做法，建立面板联立方程模型，以期全面把握财政转移支付影响相对贫困的传导路径和传导效应。实证模型构建如下：

$$\begin{cases} RPI_{it} = \beta_0 + \beta_1 FTP_{it} + \beta_2 LTE_{it} + \beta_3 AE_{it} + \beta_4 UR_{it} + \beta_5 LFG_{it} + \beta_6 MW_{it} + \varepsilon_{1t} \\ LTE_{it} = \alpha_0 + \alpha_1 FTP_{it} + \alpha_2 RO_{it} + \alpha_3 RIL_{it} + \alpha_4 RPD_{it} + \alpha_5 LGC_{it} + \alpha_6 PFE_{it} + \varepsilon_{2t} \end{cases}$$

(6-1)

模型（6-1）中，i表示省份，t代表时间，相对贫困指数（RPI）、财政转移支付（FTP）、地方税收努力（LTE）为核心变量，平均受教育年限（AE）、城镇化率（UR）、劳动力要素价格差异（LFG）、最低工资标准（MW）、地区开放程度（RO）、地区工业化水平（RIL）、地区人口密度（RPD）、地方政府竞争度（LGC）、人均财政支出水平（PFE）为控制变量，ε_{1t}和ε_{2t}为模型（6-1）中两方程的随机扰动项。

财政转移支付、地方税收努力和相对贫困之间存在着交互影响，单方程回归难以准确反映三者之间的关系，因此构建面板联立方程模型（6-

1），在全面揭示变量间复杂运行机制的基础上，有利于克服内生性问题，确保估计结果的可靠性。同时，本书运用三阶段最小二乘法（3SLS）对模型（6-1）进行参数估计以尽可能地减少估计偏差，避免出现单一方程估计方法（如 OLS）不能满足联立方程组可识别性和各方程扰动项不相关等条件造成的估计结果有偏问题。

二、变量说明和数据来源

本章以 2005—2018 年省级数据为研究样本，基于地方税收努力视角，实证检验财政转移支付影响相对贫困的传导机制和传导效应。其中涉及的原始数据来自历年《中国统计年鉴》、全国财政决算报告以及省历年统计年鉴、财政决算报告、地方政府统计局网站。基于数据的准确性和可比性要求，以 2000 年为基期，利用居民消费者价格指数对所有货币量指标进行平减，并对所有的绝对量指标进行对数化处理。主要变量及相关处理做如下说明：

（一）被解释变量

相对贫困（RPI）。本章继续选用 2005—2018 年相对贫困指数这一复合指标。

（二）解释变量

财政转移支付（FTP）。使用 2005—2018 年的人均财政转移支付指标反映财政转移支付的规模，用人均一般性转移支付和人均专项转移支付指标反映财政转移支付的结构。

地方税收努力（LTE）。地方税收努力是指地方税务机关征收全部法定应纳税额的程度，也就是地方税收能力被利用的程度，与地方税收能力密切挂钩[1]。税收能力是指一定时期内一国政府能征收的税收收入，纳税

---

[1] 吕冰洋，郭庆旺. 中国税收高速增长的源泉：税收能力和税收努力框架下的解释 [J]. 中国社会科学，2011（2）：76-90，221-222.

人的纳税能力与税务机关的征税能力是决定税收能力的关键因素。理论上，税收比率是税收能力和税收努力的函数，即：

$$\frac{Tax}{GDP} = f\left(\frac{Tax'}{GDP}, LTE\right) \quad (6-2)$$

根据式（6-2），可推导地方税收努力指数如式（6-3）所示：

$$LTE = \frac{Tax}{GDP} \Big/ \frac{Tax'}{GDP} = \frac{Tax}{Tax'} \quad (6-3)$$

其中，Tax 为实际税收收入，反映地方政府一定时期内实际征税能力，具体表现为地区的实际税收总额，可通过各省统计年鉴获得；Tax' 为预期或应征税收收入，反映地方政府一定时期内潜在的征税能力。关于预期税收收入的度量，国际上主要采用税柄法、代表性税制法和分税种法等方法，考虑到测度方法的可行性和科学性，本书借鉴"税柄法"的思想，构建固定效应模型测算地区预期税收收入，模型构建如式（6-4）所示：

$$Tax'_{it} = \alpha_0 + \alpha_1 RO_{it} + \alpha_2 PGDP_{it} + \alpha_3 RPD_{it} + \alpha_4 PSI_{it} + \alpha_5 PTI_{it} + \alpha_6 UR_{it} + \mu_{it} \quad (6-4)$$

其中，RO 代表地区对外开放程度；$PGDP$ 代表地区经济发展水平；RPD 代表地区人口密度；PSI 代表第二产业发展水平；PTI 代表第三产业发展水平；UR 代表地区城镇化率。本章需要先通过模型式（6-4）拟合出地方预期税收收入 Tax'，再结合式（6-3）估算出地区的地方税收努力（LTE）。

（三）控制变量

①平均受教育年限（AE）。用地区人口受教育年限总和的平均数来表示，其中大专及以上文化程度赋值16，高中赋值12，初中赋值9，小学赋值6，文盲赋值0。②城镇化率（UR）。用地区城镇人口占总人口比率来定义。③劳动力要素价格差异（LFG）。对地区城镇单位就业人员的平均工资按行业分类进行排序，以排名前四的平均工资与排名后四的平均工资的比值衡量劳动力要素价格差异。④最低工资标准（MW）。用地区每年公布月最低工资标准（第一档）衡量，考虑到一年中存在多次调整的情况，以

每年年终数值作为标准。⑤地区开放程度（RO）。采用地区进出口总额（按当年人民币兑美元汇率折算）占 GDP 的比值衡量。⑥地区工业化水平（RIL）。用地区第二产业增加值与地区 GDP 的比值衡量。⑦地区人口密度（RPD）。用地区年末常住人口与地区面积的比率表示。⑧地方政府竞争度（LGC）。用地区实际利用外商直接投资额与同一时期全国实际利用外商直接投资额之比来表示。⑨人均财政支出水平（PFE）。用地方财政一般预算支出与年末常住人口之比表示。主要变量选取及统计性描述分析如表 6-1 所示：

表 6-1　主要变量设置及统计性描述分析

变量	变量名	符号	样本	均值	标准差	最小值	最大值
被解释变量	相对贫困指数	RPI	392	0.8183	0.2164	0.2257	1.6575
核心解释变量	财政转移支付	FTP	392	6.6431	0.9813	3.2189	8.3724
	地方税收努力	LTE	392	1.0520	0.2196	0.7258	1.7850
控制变量	平均受教育年限	AE	392	2.0688	0.1684	1.2125	2.4730
	城镇化率	UR	392	0.5170	0.1413	0.2071	0.8927
	劳动力要素价格差异	LFG	392	2.3422	0.3303	1.7092	3.3881
	最低工资标准	MW	392	6.8837	0.4539	5.8289	7.8160
	地区开放程度	RO	392	0.3004	0.3664	0.0175	1.7113
	地区工业化水平	RIL	392	0.4281	0.0853	0.1655	0.6196
	地区人口密度	RPD	392	5.1787	1.5115	0.8242	8.2697
	地方政府竞争度	LGC	392	0.054	0.0658	0.0001	0.3201
	人均财政支出水平	PFE	392	8.8492	0.7658	7.0606	10.9272

<<< 第六章　财政转移支付影响相对贫困的机制检验：地方税收努力

第三节　实证结果与分析

一、实证结果

财政转移支付与地方税收努力影响相对贫困的回归结果如表6-2所示。首先，财政转移支付影响相对贫困的回归系数为-0.1426，在1%水平下通过了显著性检验，说明扩大财政转移支付规模有利于相对贫困治理。其次，在方程（1）中，地方税收努力与相对贫困的回归系数为-0.8811，且在5%的水平下显著，表明地方政府提高税收努力有助于减小相对贫困指数，研究假设6-1得到验证。原因可能在于：一是税收是政府进行收入再分配的有效工具，2013年我国开启新一轮全方位税制改革，包括收入取得、消费支出、财产积累和社会公益多环节的税制体系日益完善，提升地方税收努力有助于强化税制体系的再分配功能，促进相对贫困治理；二是"征管空间"的存在使得地方税收努力的提升有利于地方政府财力水平的提高，而提升地方税收努力带来的增量财政收入不仅可以为扩大地方财政支出规模提供资金支持，还会改变地方政府财政支出结构，通常增量收入会被用于扩大民生性支出的规模，而民生性支出能够从防御性保障和社会机会两个层面维护低收入群体的权利，有利于缓解地区相对贫困。

财政转移支付对地方税收努力的回归结果如方程（2）所示。在方程（2）中，财政转移支付影响地方税收努力的回归系数为-0.0236，并通过了显著性检验，意味着财政转移支付规模每扩大1%，地方税收努力平均下降0.0236个百分点，即财政转移支付抑制了地方税收努力。究其原因：地方政府将无偿获得的财政转移支付视为征税的替代，为了获得更多的财政转移支付资金，财政转移支付对地方税收努力产生了负向激励，即地方政府存在主动降低税收努力的制度激励。同时，财政转移支付在弥补地方财政缺口的同时，也为地方政府开展税收竞争提供了资金支持，激励地方政府通过降低税收努力或加大税收优惠吸引税源流入，这成为地方政府主动降低税收努力的又一动因。

表6-2 财政转移支付与地方税收努力影响相对贫困的回归结果

方程	(1) RPI	(2) LTE
FTP	-0.1426*** (0.0278)	-0.0236* (0.0126)
LTE	-0.8811** (0.4204)	
AE	-0.1224 (0.2227)	
UR	0.0141*** (0.0033)	
LFG	0.1155** (0.0557)	
MW	0.1414*** (0.0552)	
RO		-0.0495*** (0.0193)
RIL		-0.3987*** (0.0626)
RPD		-0.1130** (0.0493)
LGC		0.2542*** 0.0656)
PFE		-0.0247 (0.0191)
时间效应	Y	Y
N	392	392

注：(1) 括号内为稳健标准误；(2) ***、**、* 分别表示1%、5%、10%水平下的显著性。

控制变量中,城镇化率（UR）的回归系数显著为正,这表明城镇化进程中加剧了相对贫困状况。实际上,城镇化对相对贫困的作用方向不确定,加快城镇化进程既可能降低相对贫困指数,也可能提高相对贫困指数[①]。城镇化率提高导致相对贫困指数上升,原因在于:伴随着城镇化进程的加快,劳动力质量筛选体制逐渐形成和完善,在优胜劣汰的基本准则下,人力资本水平的高低决定市场竞争力的大小,拥有较高人力资本水平的劳动力往往在竞争中具有更大的优势,而人力资本水平较低的人则会处于不利境地,贫富差距在城镇化过程中会逐步拉大。此外,劳动力要素价格差异（LFG）的扩大和最低工资标准（MW）的提高也都不利于相对贫困治理。

二、机制识别

为了进一步检验财政转移支付与地方税收努力影响相对贫困的传导机制与传导效应,本书对面板联立方程模型（6-1）进行标准化回归。同时,为了尽可能减少估计偏差,依然采用三阶段最小二乘法进行参数估计,回归结果如表6-3所示。

表6-3　财政转移支付与地方税收努力影响相对贫困的标准化回归结果

方程	（1）RPI	（2）LTE
FTP	-0.6468*** (0.1261)	-0.1054** (0.0565)
LTE	-0.8941** (0.4266)	
AE	-0.0953 (0.1733)	
UR	0.9191*** (0.2140)	

[①] 卢倩倩,许光建,许坤. 城镇化、经济周期与地区收入分配差距——基于面板门限模型的分析［J］. 经济问题,2020（2）:25-32.

续表

方程	（1）RPI	（2）LTE
LFG	0.1763** (0.0851)	
MW	0.2967*** (0.1157)	
RO		-0.0827*** (0.0565)
RIL		-0.1550*** (0.0243)
RPD		-0.7778** (0.3397)
LGC		0.0762*** (0.0197)
PFE		-0.0861 (0.0665)
时间效应	Y	Y
N	392	392

注：（1）括号内为稳健标准误；（2）＊＊＊、＊＊、＊分别表示1%、5%、10%水平下的显著性。

由该表可知，所有核心变量的回归系数均在较高显著性水平下通过检验，表明财政转移支付不仅可以直接作用于相对贫困，还可以通过影响地方税收努力间接作用于相对贫困，即存在"财政转移支付→相对贫困"的直接传导路径和"财政转移支付→地方税收努力→相对贫困"的间接传导路径，支持了研究假设6-2。在此基础上，进一步分析财政转移支付与地方税收努力影响相对贫困的直接效应、间接效应和总效应，结果如表6-4所示。

表 6-4 财政转移支付影响相对贫困的传导机制与效应比较

项目	传导机制	效应测算	测算结果	总效应
直接效应	财政转移支付→相对贫困	β_1	-0.6468	-0.5526
间接效应	财政转移支付→地方税收努力→相对贫困	$\beta_2 \times \alpha_1$	0.0942	

依据表 6-4 的计算结果，财政转移支付影响相对贫困的直接效应值为 -0.6468，财政转移支付影响相对贫困的间接效应值为 0.0942，这意味着财政转移支付在直接降低相对贫困指数的同时，也对地方政府收入决策产生了影响，通过降低地方税收努力，弱化了税收的收入再分配功能，最终对相对贫困治理形成抑制效应。从整体上看，尽管财政转移支付对地方税收努力的反向激励不利于缓解相对贫困，冲抵了部分直接效应，但由于财政转移支付对相对贫困治理的直接效应较为显著，总效应仍表现出显著的相对贫困治理效果。

三、异质性分析

地区经济发展水平与地方政府财政自给程度的差异会影响财政转移支付通过地方税收努力作用于相对贫困的结果。基于此，本书将全样本分为东部、中西部组以及高、低财政能力组，以检验财政转移支付通过地方税收努力对不同地区和不同财政能力组相对贫困影响的差异。

（一）地区异质性分析

地区异质性回归结果如表 6-5 所示，方程（1）、方程（3）中财政转移支付与地方税收努力的回归系数均显著，且符号方向与表 6-2 中全样本回归结果一致，证明了基准回归结果的稳健性。进一步分析财政转移支付和地方税收努力的回归系数值发现，东部地区分别为 -0.1683 和 -0.6161，中西部地区分别是 -0.1917 和 -0.9290。对比结果表明，无论是在财政转移支付直接缓解相对贫困层面，还是在地方税收努力治理相对贫困层面，中西部地区的效应均比东部地区大。可能原因在于：

一是相较于东部地区，中西部地区的相对贫困状况更为严峻，相对贫困区域更为集中，受边际效用递减规律的影响，同等规模的财政转移支付资金在中西部地区治理相对贫困的效果更佳。二是中西部地区经济发展水平相对较低，居民的工资性收入往往构成收入的主要来源，而工资性收入的税收征管成本相对较低，且纳税人的税收遵从度较高，税收努力的提升能更好地发挥税收的收入再分配职能，相对贫困治理的效应较大。而东部地区经济发展水平较高，居民获取收入的渠道具有多元性，一些收入项目难以通过税收制度进行有效征管，即使增强税收努力程度，也无法做到"应收尽收"，甚至还会因为政府税收努力的提高发生偷税、漏税的行为，故而在东部地区提高税收努力所实现的相对贫困治理效应更弱。

进一步地，通过方程（2）和方程（4）关于财政转移支付影响地方税收努力的回归结果发现，地区差异不会改变财政转移支付对地方税收努力的反向抑制，且这种效应在中西部地区更大。可能的解释是：对于地方政府而言，自上而下的财政转移支付资金基本被视为税收收入的替代，为了获得更多的财政转移支付，地方政府均存在主动降低税收努力的动机，只是东部地区经济更为发达，自身财政能力较强，对财政转移支付的依赖性更弱，所以财政转移支付对地方税收努力的反向抑制效应在东部地区相对较小。

表 6-5　地区异质性的回归结果

方程	东部地区		中西部地区	
	（1）RPI	（2）LTE	（3）RPI	（4）LTE
FTP	-0.1683** (0.0662)	-0.0080** (0.0046)	-0.1917*** (0.0485)	-0.0662** (0.0264)
LTE	-0.6161* (0.2735)		-0.9290** (0.4035)	
AE	-0.1426 (0.5199)		-0.1377 (0.2449)	

续表

方程	东部地区		中西部地区	
	（1）RPI	（2）LTE	（3）RPI	（4）LTE
UR	0.0114*** (0.0043)		0.0271*** (0.0253)	
LFG	0.0567 (0.0922)		0.0732 (0.0667)	
MW	0.7361*** (0.1864)		0.0351 (0.0819)	
RO		-0.0240** (0.0109)		-0.2115*** (0.0484)
RIL		-0.0149 (0.0563)		-0.1850*** (0.0538)
RPD		-0.0301 (0.0377)		-0.4725*** (0.0648)
LGC		0.1403*** (0.0374)		0.5447*** (0.1438)
PFE		-0.0291*** (0.0060)		-0.0386 (0.0265)
时间效应	Y	Y	Y	Y
N	126	126	266	266

注：（1）括号内为稳健标准误；（2）***、**、*分别表示1%、5%、10%水平下的显著性。

（二）财政能力异质性分析

地方政府自身财政能力是决定其征税努力的内在激励（田彬彬、范子英，2016），为了分析不同财政能力下财政转移支付通过地方税收努力影响相对贫困的差异性，本书将全样本划分为高、低两个财政能力组加以分析。

表6-6 财政能力异质性的回归结果

方程	高财政能力组		低财政能力组	
	(1) RPI	(2) LTE	(3) RPI	(4) LTE
FTP	-0.1601*** (0.0268)	-0.0023 (0.0048)	-0.2054*** (0.0594)	-0.0881** (0.0361)
LTE	-0.7058*** (0.2453)		-1.2445*** (0.3883)	
AE	-0.4960* (0.2635)		-0.2830 (0.2682)	
UR	0.0106*** (0.0028)		0.0241*** (0.0062)	
LFG	0.0090 (0.0648)		0.0463 (0.0804)	
MW	0.3286*** (0.0540)		0.0645 (0.0963)	
RO		-0.0101 (0.0102)		-0.1762*** (0.0676)
RIL		-0.0735* (0.0377)		-0.3569*** (0.0804)
RPD		-0.0529 (0.0354)		-0.3865*** (0.0728)
LGC		0.1432*** (0.0360)		0.5525*** (0.1787)
PFE		-0.0075 (0.0052)		-0.0414 (0.0475)
时间效应	Y	Y	Y	Y
N	196	196	196	196

注：(1) 括号内为稳健标准误；(2) ***、**、* 分别表示1%、5%、10%水平下的显著性。

表6-6给出了财政能力异质性视角下财政转移支付与地方税收努力影响相对贫困的回归结果。由方程（1）、方程（3）的回归结果可知，不同财政能力组中财政转移支付和地方税收努力的回归系数均显著为负，表明财政转移支付具有直接缓解相对贫困的作用，而增强地方政府税收努力也有利于相对贫困治理，证明了基准回归结果的稳健性。方程（2）和方程（4）报告了财政转移支付对地方税收努力的影响。结果显示，虽然财政转移支付的回归系数均为负值，但仅在低财政能力组中通过了显著性检验，即财政转移支付对地方税收努力的反向抑制作用存在于低财政能力组中，而在高财政能力组中并不显著，这表明财政转移支付对地方税收努力的影响结果及影响程度与地方政府自身财力状况密切相关。对于低财政能力组而言，提高地方税收努力存在加速税源外流的风险，相较于提高税收努力，地方政府更愿意使用财政转移支付来补充地方财力，这为地方降低税收努力提供了合理的解释。而高财政能力组的自身财政能力较强，在政府间财政关系中扮演着向低财政能力组输送财政资金的角色，所获得的财政转移支付规模相对较小，因此对地方税收努力并未形成显著影响。

四、稳健性检验

为了确保实证结论的可靠性，从变换样本、变换被解释变量和变换回归方法三个方面进行稳健性检验。

（一）变换样本

变换样本的稳健性检验使用农村相对贫困指数替换城镇相对贫困指数，回归结果如表6-7所示。方程（1）中，财政转移支付与地方税收努力的回归系数均显著为负，意味着财政转移支付规模的扩大有利于缓解农村相对贫困，地方税收努力的提升也对农村相对贫困治理产生积极影响。方程（2）中，财政转移支付对地方税收努力的回归系数为负，在1%水平下通过了显著性检验，表明财政转移支付抑制了地方税收努力。与基准回归结果相比，在变换样本的情况下，尽管回归系数存在一定的差异，但系数的符号及显著性均保持不变，这说明地方税收努力确实是财政转移支付影响相对贫困的重要传导机制，基准回归结果稳健。

表6-7 变换样本的稳健性检验结果

方程	（1）RPI	（2）LTE
FTP	−0.0983*** (0.0323)	−0.0114*** (0.0030)
LTE	−1.2023* (0.6421)	
AE	−0.5764* (0.3355)	
UR	0.0205*** (0.0041)	
LFG	0.0805 (0.0728)	
MW	0.1577** (0.0683)	
RO		−0.0258 (0.0198)
RIL		−0.3043*** (0.0679)
RPD		−0.0084 (0.0555)
LGC		0.2848*** (0.0647)
PFE		−0.0185 (0.0196)
时间效应	Y	Y
N	336	336

注：（1）括号内为稳健标准误；（2）***、**、*分别表示1%、5%、10%水平下的显著性。

(二) 变换被解释变量

鉴于基尼系数是国际上用以衡量一个国家或地区居民收入差距的通用指标,因此使用基尼系数替代相对贫困程度指标具有可行性。本书将基尼系数与相对贫困发生率相乘,构建一个新的复合指标对相对贫困进行测度,并在此基础上进行三阶段最小二乘法回归估计,结果如表 6-8 所示。由该表可知,财政转移支付与地方税收努力影响相对贫困,以及财政转移支付影响地方税收努力的回归系数均显著为负,说明提高地方税收努力有利于相对贫困治理,财政转移支付一方面能直接缓解相对贫困,另一方面又通过抑制地方税收努力阻碍相对贫困治理,变换被解释变量得到的估计结果与基准回归的结果一致,证实了研究结论的稳健性。

表 6-8 变换被解释变量的稳健性检验结果

方程	(1) RPI	(2) LTE
FTP	-0.0097*** (0.0035)	-0.0227* (0.0126)
LTE	-0.1529*** (0.0536)	
AE	-0.0408 (0.0283)	
UR	-0.0012*** (0.0004)	
LFG	0.0178** (0.0071)	
MW	0.0109 (0.0070)	
RO		-0.0475** (0.0193)
RIL		-0.3919*** (0.0625)

续表

方程	(1) RPI	(2) LTE
RPD		-0.1180** (0.0493)
LGC		0.2382*** (0.0655)
PFE		-0.0286 (0.0190)
时间效应	Y	Y
N	392	392

注：(1) 括号内为稳健标准误；(2) ***、**、* 分别表示1%、5%、10% 水平下的显著性。

(三) 变换回归方法

鉴于二阶段最小二乘法（2SLS）也可以进行联立方程的回归估计，因此在运用三阶段最小二乘法（3SLS）对基准模型进行回归估计之后，再使用二阶段最小二乘法对基准回归结果进行稳健性检验，结果如表6-9所示。由该表可知，实证结果并不依赖于某种特定的计量方法，变换回归方法不改变研究结论。

表6-9 变换回归方法的稳健性检验结果

方程	(1) RPI	(2) LTE
FTP	-0.1347*** (0.0293)	-0.0281** (0.0138)
LTE	-0.8785** (0.4405)	
AE	-0.1592 (0.2407)	

续表

方程	（1）RPI	（2）LTE
UR	0.0143*** (0.0035)	
LFG	0.0997* (0.0605)	
MW	0.1275** (0.0588)	
RO		-0.0418* (0.0214)
RIL		-0.4053*** (0.0686)
RPD		-0.0666 (0.0545)
LGC		0.3118*** (0.0722)
PFE		-0.0286 (0.0211)
时间效应	Y	Y
N	392	392

注：(1) 括号内为稳健标准误；(2) ***、**、*分别表示1%、5%、10%水平下的显著性。

第四节 财政转移支付影响相对贫困的结构性差异分析

一、实证结果

不同类型的财政转移支付功能定位存在差异，为了回应财政转移支付通过地方税收努力影响相对贫困的结果是否存在结构性差异问题，本书依托联立方程模型（6-1），引入人均一般性转移支付和人均专项转移支付两个变量再次进行回归估计，回归结果如表6-10所示。方程（1）和方程（3）中，一般性转移支付与专项转移支付的回归系数分别为-0.1302和-0.1268，表示这两种财政转移支付类型均具有直接缓解相对贫困的功能，但比较而言，一般性转移支付治理相对贫困的直接效应更大。此外，地方税收努力的回归系数显著为负，表明提升地方税收努力有利于相对贫困治理。

方程（2）中，一般性转移支付对地方税收努力影响的回归系数为-0.0369，说明一般性转移支付增长1%，地方税收努力降低0.0369%，一般性转移支付资金使用的无条件性决定了其更容易被视为地方征税的替代，因此地方政府存在降低地方税收努力以获得更大规模一般性转移支付的激励，这与大多数文献的研究结论一致（张恒龙、陈宪，2007；胡祖铨等，2013）。

方程（4）中专项转移支付的回归系数显著为正，专项转移支付每增长1%，地方税收努力提高0.0146%，这个结论可以从理论和实践两个层面加以解释。理论上，专项转移支付通常与特定的基本公共服务项目挂钩，专项转移支付会降低地方政府提供基本公共服务的价格，从而激发地方政府通过提高税收努力获得更多专项转移支付以降低基本公共服务的供给成本。在实践中，部分专项转移支付以配套形式进行拨付，而获得配套拨款的前提是地方政府自身财力充足，这在客观上也会激励地方政府提高税收努力。

表6-10 财政转移支付影响相对贫困结构性差异的回归结果

方程	一般性转移支付		专项转移支付	
	(1) RPI	(2) LTE	(3) RPI	(4) LTE
FTP	-0.1302*** (0.0245)	-0.0369*** (0.0131)	-0.1268*** (0.0246)	0.0146*** (0.0015)
LTE	-0.8625*** (0.3245)		-0.6869** (0.3361)	

续表

方程	一般性转移支付		专项转移支付	
	(1) RPI	(2) LTE	(3) RPI	(4) LTE
AE	-0.1107 (0.2225)		-0.1299 (0.2217)	
UR	0.0134*** (0.0033)		0.0132*** (0.0033)	
LFG	0.1156** (0.0557)		0.0849 (0.0551)	
MW	0.0983** (0.0497)		0.1485** (0.0582)	
RO		-0.0867*** (0.0259)		-0.0719*** (0.0258)
RIL		-0.4978*** (0.0825)		-0.5109*** (0.0833)
RPD		-0.1748*** (0.0650)		-0.2376*** (0.0647)
LGC		0.2603*** (0.0873)		0.2793*** (0.0873)
PFE		-0.0048 (0.0259)		-0.0058 (0.0259)
时间效应	Y	Y	Y	Y
N	392	392	392	392

注：(1) 括号内为稳健标准误；(2) ***、**、* 分别表示1%、5%、10%水平下的显著性。

二、机制识别

为了进一步识别不同类型财政转移支付与地方税收努力影响相对贫困的传导机制和传导效应，在回归结果表6-10的基础上依次对各变量开展标准化处理，并结合三阶段最小二乘法进行回归估计，回归结果如表6-11所示。

表 6-11 财政转移支付影响相对贫困结构性差异的标准化回归结果

方程	一般性转移支付 (1) RPI	一般性转移支付 (2) LTE	专项转移支付 (3) RPI	专项转移支付 (4) LTE
FTP	-0.1291*** (0.0245)	-0.0518*** (0.0097)	-0.1168*** (0.0250)	0.0745*** (0.0077)
LTE	-0.9468** (0.3888)		-0.9955** (0.4367)	
AE	-0.1236 (0.2221)		-0.2054 (0.2274)	
UR	0.0129*** (0.0033)		0.0147*** (0.0033)	
LFG	0.1170** (0.0556)		0.0676 (0.0571)	
MW	0.1068** (0.0495)		0.1192** (0.0586)	
RO		-0.0636*** (0.0191)		-0.2057*** (0.0236)
RIL		-0.3922*** (0.0608)		-0.1140** (0.0558)
RPD		-0.0668 (0.0480)		-0.1525*** (0.0045)
LGC		0.2098*** (0.0645)		0.4725*** (0.0839)
PFE		-0.0043 (0.0191)		-0.0028 (0.0163)
时间效应	Y	Y	Y	Y
N	392	392	392	392

注：(1) 括号内为稳健标准误；(2) ***、**、* 分别表示1%、5%、10% 水平下的显著性。

<<< 第六章 财政转移支付影响相对贫困的机制检验：地方税收努力

财政转移支付影响相对贫困结构性差异的标准化回归结果如表 6-11 所示。从表 6-11 可知，所有核心变量的回归系数均在较高显著性水平下通过检验，表明一般性转移支付、专项转移支付不仅可以直接影响相对贫困，还可以通过影响地方税收努力间接作用于相对贫困，但二者在间接作用路径上存在结构性差异，一般性转移支付通过抑制地方税收努力对相对贫困治理产生反向作用，专项转移支付则通过激励地方税收努力对相对贫困治理形成正向作用，验证了研究假设 6-3。在表 6-11 的基础上，进一步分解不同类型财政转移支付与地方税收努力影响相对贫困的直接效应、间接效应和总效应，如表 6-12 所示。

表 6-12　不同类型财政转移支付影响相对贫困的传导机制与效应分析

传导效应	传导机制	效应测算	测算结果	总效应
直接效应	一般性转移支付→相对贫困	β_1	-0.1291	-0.0801
间接效应	一般性转移支付→地方税收努力→相对贫困	$\beta_2 \times \alpha_1$	0.0490	
直接效应	专项转移支付→相对贫困	β_1	-0.1168	-0.1910
间接效应	专项转移支付→地方税收努力→相对贫困	$\beta_2 \times \alpha_1$	-0.0742	

由表 6-12 可以发现，一般性转移支付影响相对贫困的总效应值为 -0.0801，其中直接效应值为 -0.1291，间接效应值为 0.0490，而专项转移支付影响相对贫困的总效应值为 -0.1910，其中直接效应值为 -0.1168，间接效应值为 -0.0742。通过以上效应分解可以发现，财政转移支付影响相对贫困的结构性差异主要表现为一般性转移支付和专项转移支付通过地方税收努力影响相对贫困的间接路径上，一般性转移支付抑制了地方税收努力，对相对贫困治理产生了间接负效应，而专项转移支付不仅具有直接缓解相对贫困的功能，而且能够通过激励地方税收努力对相对贫困治理产生间接正效应。

第五节 面板门槛回归分析

一、面板门槛回归模型

前文通过构建面板联立方程模型,已经检验出地方税收努力是财政转移支付影响相对贫困的重要传导机制,为了进一步验证财政转移支付与相对贫困之间的非线性关系,本章借鉴汉森(Hansen,1999)的做法,将地方税收努力作为门槛变量,分别构建单一门槛模型、双重门槛模型和三重门槛模型,如下式所示:

单一门槛模型:

$$RPI_{it} = \alpha_{it} + \beta_1 FEB_{it} \cdot I(LTE_{it} \leq \gamma) + \beta_2 FEB_{it} \cdot I(LTE_{it} > \gamma) + \theta Z_{it} + \varepsilon_{it} \tag{6-5}$$

双重门槛模型:

$$RPI_{it} = \alpha_{it} + \beta_1 FEB_{it} \cdot I(LTE_{it} \leq \gamma_1) + \beta_2 FEB_{it} \cdot I(\gamma_1 < LTE_{it} \leq \gamma_2) + \beta_3 FEB_{it} \cdot I(LTE_{it} > \gamma_2) + \theta Z_{it} + \varepsilon_{it} \tag{6-6}$$

三重门槛模型:

$$RPI_{it} = \alpha_{it} + \beta_1 FEB_{it} \cdot I(LTE_{it} \leq \gamma_1) + \beta_2 FEB_{it} \cdot I(\gamma_1 < LTE_{it} \leq \gamma_2) + \beta_3 FEB_{it} \cdot I(\gamma_2 < LTE_{it} \leq \gamma_3) + \beta_4 FEB_{it} \cdot I(LTE_{it} > \gamma_3) + \theta Z_{it} + \varepsilon_{it} \tag{6-7}$$

上式中,i($i=1,2,\cdots,N$)表示省份;t($t=1,2,\cdots,T$)代表时间;RPI代表相对贫困,是被解释变量;FEB代表财政转移支付,是解释变量;LTE表示地方税收努力,是选定的门槛变量;Z_{it}代表与门槛变量无关的外生解释变量;γ为待估门槛值;β_1、β_2、β_3和β_4为待估参数;ε_{it}为残差项,满足独立同分布,且与解释变量不相关。

二、实证结果

为了避免出现"伪回归"问题,保证实证结果的稳健性,采用LLC检验法和PP-Fisher检验法对主要变量 *RPI*、*FTP*、*LTE*、*AE*、*UR*、*LFG* 和 *MW* 的面板单位根加以检验，检验结果如表6-13所示。

表6-13 面板单位根检验结果

变量	模型类型	LLC 检验	PP-Fisher 检验	结果
RPI	含趋势项和截距项	-5.0167*** (0.0000)	197.9903*** (0.0000)	平稳
FTP	含趋势项和截距项	-5.2343*** (0.0000)	119.5550*** (0.0000)	平稳
LTE	含趋势项和截距项	-5.3568*** (0.0000)	275.8133*** (0.0000)	平稳
AE	含趋势项和截距项	-9.4627*** (0.0000)	275.8133*** (0.0000)	平稳
UR	含趋势项和截距项	-3.3694*** (0.0004)	169.2617*** (0.0000)	平稳
LFG	含趋势项和截距项	-7.0448*** (0.0000)	244.6382*** (0.0000)	平稳
MW	含趋势项和截距项	-12.4347*** (0.0000)	607.8157*** (0.0000)	平稳

注：(1) 括号内为 P 值；(2) ***、**、* 分别表示1%、5%、10%水平下的显著性。

由表6-13可知，无论是同根检验，还是异根检验，所有变量的LLC检验结果与PP-Fisher检验结果均在1%水平上拒绝存在单位根的原假设，表明各变量均为平稳过程，可以继续结合Stata软件采用自抽样法检验模型是否存在门槛效应。若存在门槛效应，则进一步验证门槛的个数及门槛值，检测结果如表6-14所示。由该表可知，通过门槛效应自抽样检验，搜索得到模型的第一个门槛值为0.8739，F统计量值为27.67，对应的P值为0.0133，因此拒绝无门槛效应的原假设，然后进行似然比检验。

表6-14 门槛效应自抽样检验结果

项目	单一门槛	双重门槛	三重门槛
F 值	27.67** (0.0133)	9.49 (0.7367)	8.4 (0.6633)

续表

项目	单一门槛	双重门槛	三重门槛
估计门槛值	0.8739	1.3360	1.4242
BS 次数	300	300	300
10%	21.5069	31.1921	24.1294
5%	23.8202	39.0447	30.1200
1%	28.3355	52.3464	44.2799

注：(1) 括号内为 P 值；(2) ***、**、* 分别表示 1%、5%、10% 水平下的显著性。

图 6-1 表示单一门槛模型门槛值的置信区间和最大似然估计量，其中 7.35 表示在 95% 的置信水平下的拒绝域，结合似然函数图可以论证 LTE = 0.8739 是真实门槛值。进一步检验模型是否存在两个门槛，为此，先固定第一个门槛值 0.8739，然后进行第二个门槛的搜索，得到可能的门槛值为 1.3360，F 统计量值为 9.49，对应的 P 值为 0.7367，因此拒绝双重门槛假设。以此类推也拒绝三重门槛假设，最终判断模型中仅存在一个门槛值，选用理论模型（6-5）进行面板门槛回归。

根据所得的门槛值（LTE = 0.8739），财政转移支付影响相对贫困的面板门槛回归结果如表 6-15 所示。从中可以看出，财政转移支付与相对贫困指数呈现出显著的非线性相关关系，地方税收努力程度不同，财政转移支付对相对贫困的影响也不同，存在地方税收努力的"激励拐点"，研究假设 6-4 得到验证。从具体结果来看，当地方税收努力不超过 87.39% 时，即地方政府运用其税收能力获得的实际税收收入占预期税收收入比重控制在 87.39% 以内时，财政转移支付影响相对贫困的回归系数值为 −0.1557；当超过门槛值后该估计值为 −0.0780，相对贫困治理效应下降。这意味着尽管提高地方税收努力有利于相对贫困治理，但是过高的地方税收努力不仅会引致较高的实际税收负担率，而且能强化间接税的累退性，从而成为

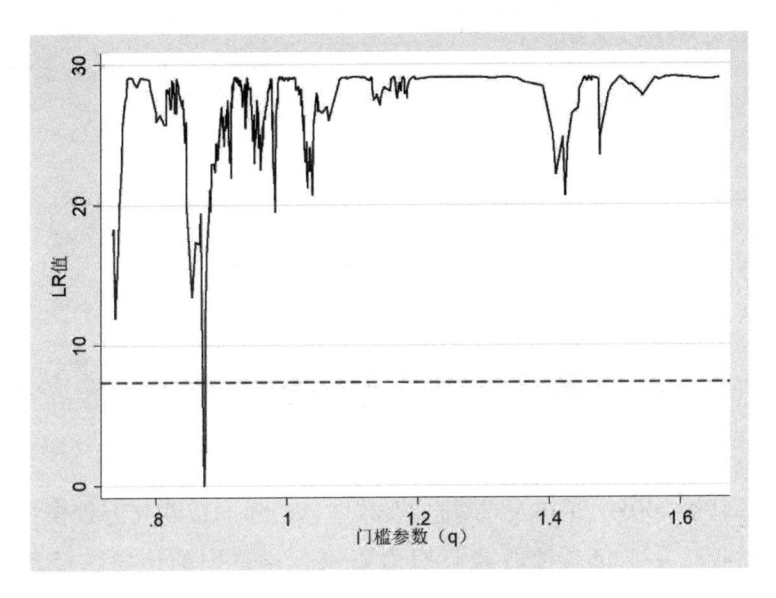

图 6-1 单一门槛模型置信区间

财政转移支付治理相对贫困效应减弱的原因所在。

表 6-15 面板门槛回归结果

变量		RPI
FTP	$LTE \leq 0.8739$	-0.1557*** (0.0277)
	$LTE > 0.8739$	-0.0780*** (0.0297)
AE		0.0057 (0.2246)
UR		0.0188*** (0.0033)
LFG		0.1529*** (0.0551)
MW		0.1112** (0.0550)
Constant		-0.3154 (0.4302)

171

续表

变量	RPI
N	392

注：(1) 括号内为稳健标准误；(2) ***、**、* 分别表示1%、5%、10% 水平下的显著性。

第六节 本章小结

本章基于2005—2018年省级面板数据，构建面板联立方程模型，实证检验了财政转移支付与地方税收努力影响相对贫困的传导路径和传导效应，并进行了异质性和稳健性检验，同时构建面板门槛回归模型进一步验证了财政转移支付与相对贫困之间的非线性关系。研究发现：第一，财政转移支付规模的扩大以及地方税收努力的提高对相对贫困治理均产生了直接正向效应。地方税收努力是财政转移支付影响相对贫困的重要传导机制，财政转移支付通过降低地方税收努力对相对贫困治理产生间接负向效应。第二，异质性结果显示，地区差异和财政能力差异不会改变财政转移支付对地方税收努力的反向抑制效应，且这种效应在中西部地区和低财政能力组中更为显著。第三，财政转移支付影响相对贫困结构性差异的实证结果表明，一般性转移支付通过抑制地方税收努力反向作用于相对贫困治理，专项转移支付则通过激励地方税收努力对相对贫困治理形成正向作用。第四，面板门槛回归结果发现，随着地方税收努力程度的提高，财政转移支付对相对贫困治理发挥了促进作用，但这一作用在地方税收努力超过87.39%时显著下降。

第七章

研究结论与政策建议

本书首先基于反贫困理论、公共产品理论、福利经济学理论和财政分权理论,将财政转移支付影响相对贫困的传导机制归纳为基本公共服务均等化、地方财政支出结构及地方税收努力。然后,对这三种传导机制开展实证检验,得出相关研究结论。最后,从规范财政转移支付、优化地方财政支出结构、提高地方税收努力、完善财政转移支付的制度激励四个方面给出针对性的政策建议。通过以上研究,有助于更加全面、系统地把握财政转移支付影响相对贫困的传导路径,对于完善财政转移支付制度、规范地方财政收支行为以提高相对贫困治理效率具有重要的政策启示价值。

第一节 研究结论

解决相对贫困是实现收入分配公平的重要环节,也是实现共同富裕的内在要求,建立解决相对贫困的长效机制更是未来高质量打赢脱贫攻坚战的关键。基本公共服务供给不足、发展不均衡是相对贫困产生的重要制度性根源,以政府间财政能力差异为基础,以实现基本公共服务均等化为目标的财政转移支付是相对贫困治理的制度保障。然而,财政转移支付在弥补地方财政收支缺口,实现地区基本公共服务均等化目标的过程中不可避免地会改变地方政府的预算约束,对地方财政收支决策产生不同程度和方向的激励,最终影响财政转移支付治理相对贫困的质效。本书以财政转移支付对相对贫困的影响研究为论题,探究了财政转移支付、相对贫困的时空分布特征，通过理论分析将财政转移支付影响相对贫困的传导机制归纳为基本公共服务均等化、地方财政支出结构及地方税收努力，并在相关理论分析与研究假设的基础上进行了实证检验，得出了四个方面的研究结论。

一、财政转移支付与相对贫困特征事实分析的结论

本书对我国财政转移支付的时空分布特征进行了全方位分析，研究发现：（1）在财政转移支付的时序演进方面，财政转移支付的规模日趋扩大，结构日渐合理。在观测期1995—2020年间，财政转移支付增长率不断提高，1998年之后财政转移支付总额中一般性转移支付的比重逐步提升，2020年这一比重超过80%；进一步分析财政转移支付规模的时序演进势态发现，1995—2020年间省域财政转移支付规模整体上也呈现上升趋势，省财政转移支付规模的相对差距得到一定的控制，但绝对差距逐步拉大。（2）在财政转移支付的空间分布方面，财政转移支付的目标定位日益明晰。通过对比1995年和2020年地方财政转移支付规模占比的分级发现，财政转移支付设立初期，资金分配比较分散，主要集中于少数民族聚集区、东北老工业基地和部分东部经济发达的省份，但随着财政转移支付制度的逐步完善和规范，财政转移支付资金使用的瞄准率逐渐提高，且越来越多的资金向中西部地区倾斜，凸显了财政转移支付财力均等化与基本公共服务均等化的功能。

本书构建相对贫困指数这一复合指标对我国相对贫困状况进行了测算。结果显示：（1）在相对贫困的时序演进方面，相对贫困问题日渐突出。无论是相对贫困发生率，还是相对贫困程度，抑或是相对贫困指数均呈现出整体上升的趋势。比较而言，城乡间相对贫困问题最为突出，农村内部次之，城镇内部最小。进一步从省域层面进行测算发现，与全国层面的计算结果类似，我国地方相对贫困指数在整体上也呈现波动上升的趋势，地区相对贫困状况在绝对差距和相对差距上均保持扩大态势。（2）在相对贫困的空间分布方面，相对贫困存在空间差异性。一是尽管早期农村相对贫困相较于城镇并不十分严峻，但相对贫困状况的发展速度较快，因

此缓解农村相对贫困问题成为未来相对贫困治理的重心与主要任务；二是与东部地区相比，中西部地区的相对贫困等级更高，面临的相对贫困问题更为严峻。

二、基本公共服务均等化机制检验的结论

基本公共服务均等化水平的提高对缓解相对贫困产生积极影响，财政转移支付通过提高基本公共服务均等化水平促进相对贫困治理。本书基于财政转移支付的功能目标定位，从缓解财政失衡、矫正外部性和激励优质品供给三个方面归集了财政转移支付实现基本公共服务均等化的路径，并通过构建中介效应检验模型，实证分析财政转移支付通过基本公共服务均等化影响相对贫困的传导路径和传导效应，得出了三个方面的研究结论。

第一，财政转移支付规模的扩大提高了地区基本公共服务均等化的水平，而基本公共服务均等化水平的提高又显著降低了相对贫困指数，表明基本公共服务均等化是财政转移支付治理相对贫困的重要传导机制。

第二，不同地区的分组估计结果显示，东部和中西部地区均存在财政转移支付，通过提高基本公共服务均等化水平进而缓解相对贫困的驱动机制，但机制效果在中西部地区远远高于东部地区，因此财政转移支付进行相对贫困治理的效应在中西部地区更突出。不同财政能力的分组估计结果显示，财政转移支付治理相对贫困的效应在低财政能力组更为明显。

第三，考虑到不同类型财政转移支付的功能定位有所差异，进一步考察了一般性转移支付与专项转移支付影响相对贫困的结构性差异。结果表明，这两种财政转移支付类型都能通过提高基本公共服务均等化水平降低相对贫困指数，但二者所表征出来的收入效应和替代效应存在差异，因此通过基本公共服务均等化这一中介变量影响相对贫困的效应就存在差异性。

三、地方财政支出结构机制检验的结论

提高地方财政支出结构中民生性支出的占比可以降低相对贫困指数，财政转移支付通过影响地方财政支出结构，即降低民生性支出占比抑制相对贫困治理。财政转移支付作为一种重要的制度激励手段，容易通过"粘蝇纸效应""公共池效应"以及强化地方政府竞争等对地方财政支出决策产生激励，促使地方财政支出结构重新安排调整，继而对地区相对贫困状况及治理结果产生影响。基于这一逻辑思路，本书构建面板联立方程模型实证检验财政转移支付通过地方财政支出结构影响相对贫困的传导路径和传导效应，并得出三点研究结论。

一是虽然地方财政支出结构中民生性支出占比的提高有利于解决相对贫困问题，但财政转移支付并没有促使地方政府支出结构偏向民生性支出，反而通过减少民生性支出的占比对相对贫困治理产生间接抑制作用。

二是不同地区的分组估计结果显示，财政转移支付通过激励地方财政支出结构偏向生产性支出而抑制了相对贫困治理，这种传导路径在东部和中西部地区都显著。限于对中央财政转移支付的依赖度较低，受中央政府宏观调控的约束较小，财政转移支付对地方财政支出结构的扭曲效应在东部地区较大，反向抑制相对贫困治理的效果更为明显。不同财政能力组的估计结果显示，无论地区初始财政能力如何，财政转移支付对地方财政支出结构都存在扭曲效应，但高财政能力组比低财政能力组的扭曲效应更大，因此财政转移支付治理相对贫困的效应在低财政能力组更强。

三是财政转移支付影响相对贫困的结构性差异分析表明，一般性转移支付和专项转移支付在影响相对贫困的直接路径上表现一致，即这两类转移支付规模的扩大都能直接降低相对贫困指数，但通过地方财政支出结构影响相对贫困的间接传导路径和传导效应存在差异。一般性转移支付通过激励地方政府偏向生产性支出对相对贫困治理产生负面效应；专项转移支付则通过提高地方财政支出结构中民生性支出占比，进而促进相对贫困治理。

四、地方税收努力机制检验的结论

地方政府提高税收努力有利于缓解相对贫困，财政转移支付通过抑制地方税收努力对相对贫困治理产生反向作用。财政转移支付作为一种制度激励手段，不仅对地方财政支出决策产生影响，也对地方政府收入决策产生作用，而地方财政收入决策与地方财政能力以及税收制度再分配职能的发挥密切相关，影响到地区相对贫困状况。基于此，本书构建面板联立方程模型实证检验财政转移支付通过地方税收努力影响相对贫困的传导路径及传导效应，并得出了四个研究结论。

第一，提升地方税收努力对相对贫困治理具有正向促进作用。尽管地方税收努力是财政转移支付影响相对贫困的重要传导机制，但限于财政转移支付与地方税收努力之间未建立起规范的激励相容机制，财政转移支付反而通过降低地方税收努力对相对贫困治理产生了负向作用。

第二，东部和中西部地区的分组估计结果显示，不同地区都存在财政转移支付通过降低地方税收努力减少相对贫困治理的效应，但这种效应在中西部地区更强。不同财政能力组的估计结果显示，财政转移支付影响地方税收努力的结果和程度与地区财政能力密切相关，财政转移支付抑制地方税收努力的效应在低财政能力组中非常显著，而在高财政能力组中并不明显。

第三，不同类型财政转移支付通过地方税收努力影响相对贫困的估计结果则显示，一般性转移支付通过抑制地方税收努力反向作用于相对贫困治理，而专项转移支付通过激励地方提高税收努力对相对贫困治理形成正向促进作用。

第四，面板门槛回归结果发现，当把地方税收努力作为门槛值时，财政转移支付治理相对贫困的效应与地方税收努力密切关联，当地方税收努力超过87.39%时，尽管扩大财政转移支付规模仍有利于降低相对贫困指数，但这种相对贫困治理效应显著下降。

第二节 政策建议

以上实证研究结果蕴含较为丰富的政策与实践启示。为进一步明晰财政转移支付在相对贫困治理中的功能定位和价值取向，提高财政转移支付在相对贫困治理中的正向效应，本书基于第三章财政转移支付与相对贫困的特征事实描述，以及第四章、第五章和第六章的实证研究结果，从四个维度提出具有针对性和导向性的对策建议。

一、规范财政转移支付制度以降低相对贫困水平

（一）持续增强财政转移支付治理相对贫困的功效

实证结果表明，财政转移支付规模的扩大能直接降低相对贫困指数，而且实践中财政扶贫政策实施的效果也证明了财政转移支付是切实可行的减贫手段。为了巩固脱贫攻坚的成果，防范地区相对贫困状况的持续恶化，应进一步规范财政转移支付制度，并将重点置于四个方面：

1. 明确财政转移支付目标

一是科学规范的财政转移支付制度应以实现基本公共服务均等化为目标，特别要以减少相对贫困为导向，提升与相对贫困相关的基本公共服务的供给水平与效率，并以此为目标将财政转移支付制度与相对贫困治理有机地结合起来。二是构建财政转移支付稳定增长的机制。建立财政转移支付与政府间财权、支出责任划分相协调的体制，在此基础上确保财政转移支付资金分配的稳定性与可持续性。可以指定某一种税收，也可以选择某几种税收收入的全部或一定比例作为财政转移支付的资金来源，并以法律形式加以确定，尽可能地降低财政转移支付的不确定性，从而为相对贫困治理提供均衡且持续的财力支撑。三是优化财政转移支付资金分配方式。在运用因素法进行资金分配时，将地方税收努力、地区相对贫困状况等因素纳入财政转移支付资金测算范围，以提高标准收入和标准支出确定的科学性，减少资金分配的随意性，从而将财政转移支付与解决相对问题形成良性衔接。四是完善绩效评估体系。在财政转移支付资金使用绩效考评体系中加入基本公共服务均等化、相对贫困治理方面的考核指标，形成经济、社会、生态三位一体的评价标准，增强财政转移支付治理相对贫困的功效。

2. 强化一般性转移支付的目标约束，合理确定专项转移支付的适度规模

本书的回归结果表明，在提升基本公共服务均等化水平方面一般性转移支付的效应比专项转移支付的效应小。究其原因，一般性转移支付通常不规定具体的用途，资金使用具有无条件性特点，使得地方政府存在抑制税收努力和降低民生性支出占比的激励，因此治理相对贫困的效果不突出。而专项转移支付具有专款专用性，一般被用于对相对贫困治理产生积极影响的民生性支出领域，在提高基本公共服务均等化水平、提高民生性支出占比与激励地方税收努力方面具有明显的优势，因此治理相对贫困的效果更为显著。鉴于此，一方面应强化一般性转移支付的目标约束，加强对资金使用的目标绩效考核，减少对地方财政收支行为不合理的激励；另一方面，应确保专项转移支付的合理占比，以充分发挥专项转移支付在民生性项目供给与激励地方税收努力方面的积极作用。

3. 优先保障财政转移支付资金向中西部地区倾斜

实证结果显示，同等规模的财政转移支付在中西部地区提升基本公共服务均等化水平的效应更强，相对贫困治理的效果也更好。受全球疫情和经济下行的影响，地方财政特别是中西部地区财政压力加剧，财政收支矛盾更加尖锐，短期内仅靠地方财政自身财力难以充分保障民生刚性支出的需求，这会进一步恶化相对贫困状况。因此，应进一步加大财政转移支付资金向财力薄弱的中西部地区倾斜的力度，加大对少数民族地区、深度贫困地区、革命老区、边疆地区、生态保护任务较重地区、粮食主产区、矿产资源开发地区的财政转移支付力度，稳步提升这些地区的基本公共服务均等化的水平，以切实提高财政转移支付资金的使用绩效和减贫效率。

二、优化地方财政支出结构以缓解相对贫困程度

基本公共服务均等化与地方财政支出结构是财政转移支付影响相对贫困的两个重要传导机制。对这两种传导机制的检验结果表明，基本公共服务均等化水平的提高，地方财政支出结构中民生性支出占比的提高都有利于降低相对贫困指数。为此，在构建相对贫困治理长效机制的过程中，地

方财政支出安排应遵循以人为本的理念，以推进基本公共服务均等化为导向，在地方财政支出结构优化过程中不断加大对民生性项目的保障力度，为相对贫困治理创造必要的保障条件。

(一) 完善财政性教育支出机制

学有所教是民生保障的根本性环节，财政性教育支出是实现教育这一基本公共服务均等化的关键性路径，也是解决相对贫困问题的重要手段。为此，一方面，应增加财政转移支付中与相对贫困治理相关的教育经费投入，通过矫正地区间财政性教育支出的横向不平衡以提高财政教育资源的配置效率，确保相对贫困治理的有效性。另一方面，应积极拓宽财政性教育经费来源渠道，严格按照《中华人民共和国教育法》等法律规定落实教育经费法定增长的要求，保证财政性教育经费的增长幅度大于财政经常性收入的增长幅度，稳步提高财政性教育支出比重。同时，科学实施财政性教育投入任务的逐级分解，构建相对贫困治理效果的衡量指标体系，以此对财政性教育支出的绩效进行科学、系统、合理的评价，并将评价结果运用于财政性教育支出预算的编制，从而全方位规范财政性教育支出体系，以更好地发挥教育在缓解相对贫困中的作用。

(二) 健全财政医疗卫生支出体系

病有所医是一项重要的民生保障内容，医疗卫生支出是支持医疗卫生事业发展的重要保障，也是形成良好健康状况这一人力资本的基本渠道，而健康水平的提高是缓解相对贫困的有效途径。为此，应适度扩大财政医疗卫生支出的规模，逐步提高医疗卫生支出占财政支出的比重，在构建门类完备、运行高效的医疗服务体系，优化建设医药集中采购平台，健康扶贫，以及医疗救助等方面加大财政投入，加强对地方财政医疗卫生投入项目的绩效评估，完善绩效管理机制，按照绩效评价结果合理配置医疗卫生资源，提高财政医疗卫生资金的使用效率。同时，切实发挥财政转移支付对地区医疗卫生服务均等化的作用，提升相对贫困地区的医疗保障水平和医疗卫生服务能力。

(三) 规范就业和社会保障支出制度

就业和社会保障是民生的安全网与社会的稳定器，也是治理相对贫困的关键性支撑。基于此，需要以三个方面为着力点，切实发挥就业与社会保障在贫困治理中的功效。一是适度提高就业和社会保障支出在财政支出中的比重，尤其是加大财政转移支付对相对落后地区就业与社会保障的倾斜力度，构建贫困地区的就业与社会保障专项转移支付体制。二是健全公共就业服务经费保障机制与促进就业的财政政策体系，合理配置公共就业服务资源，有效落实各项稳就业与再就业的财税优惠政策，规范对就业困难人员的公益性岗位补贴就业援助政策，加强公共就业服务信息网络建设，提升就业指导和服务效率。三是进一步完善社会保障制度体系，建立健全与人口老龄化、城镇化进程、相对贫困治理相适应的多层次、多元化的社会保障制度，稳步提升社会保障水平，最大限度地发挥社会保障在解决相对贫困问题中的兜底功能。

(四) 合理确定财政文化支出规模

提升文化水平是加强民生保障与相对贫困治理的重要一环，也是扶贫过程中"扶志"的构成内容。为了更好地发挥财政文化支出在缓解相对贫困方面的作用，首先，要建立财政文化支出的稳定增长机制，以法律的形式确定财政文化支出的规模与增长率，不断创新公共财政文化投入体制，科学运用财政贴息、专项补贴等财政政策手段，加大公共文化惠民补助，逐步扩大文化产业扶持发展等领域的专项资金规模，加快构建功能齐全、布局完整的文化设施服务体系，同时对财政文化支出资金的使用实施绩效评估。其次，要根据地区财力以及公共文化需求的变化动态，适时调整公共文化方面的财政转移支付制度，以确保财政转移支付在均等化公共文化资源方面发挥针对性与及时性的作用，从而为相对贫困治理提供支持与保障。

三、提高地方税收努力程度以改善相对贫困状况

财政转移支付通过地方税收努力影响相对贫困的机制检验结果表明，激励地方税收努力对相对贫困治理产生了正向促进作用。面板门槛回归结果显示当地方税收努力超过门槛值时，财政转移支付治理相对贫困的效应将下降。这表明地方税收努力水平要合理适当，过高或过低都不利于减少相对贫困。为此，可以从三个方面采取相应的规范措施。

（一）增强地方政府财政自主权

地方税收努力程度是影响地方财力的一个重要因素，而地方财力又与地方财政自主权、中央与地方的事权与支出责任划分之间存在逻辑关联性。我国分税制财政体制改革过程中的财权财力上移与支出责任下移是地方财政压力形成的体制成因，在税权划分中地方自主权相对较小，这会在很大程度上降低地方税收努力的程度。2018年以来中央与地方事权与支出责任划分领域的细化改革逐步推进，如2018年国务院办公厅印发《基本公共服务领域中央与地方共同财政事权和支出责任划分改革方案》，提出八大类18项民生领域的改革举措，促使基本公共服务事权与支出责任的逐渐上收，加之财政转移支付力度的加大，地方财政平衡状况有所好转，但在赋予地方财政自主权以激发地方税收努力方面还有待进一步深化改革。

（二）赋予地方政府适当的税权

稳步推进房地产税立法，在全国立法的前提下，赋予地方政府在房地产税税制要素设计方面的适当选择权，从而因地制宜地发挥房地产税的收入功能与调节功能，在增加地方财力的前提下更好地发挥其对财富存量的再分配功能，为减缓相对贫困提供必要的制度支持。此外，对于收入分散且征收成本较高的税种，可适当扩大地方税权的范围，如赋予地方政府开征特色税种的权力。科学动态调整中央与地方的税收分成比例，共享税的调整权也是税权的一个构成部分，在我国分税制财政管理体制下，按照权

责清晰、财力协调的要求，结合中央与地方间支出责任划分改革，及时调整共享税种的分成比例以调动地方税收努力的积极性。需指出的是，在目前中央地方税收征管机构统一化垂直管理的体制下，如何更好地赋予地方税收，充分调动中央与地方两个积极性是需要进一步深入探究的问题。

（三）规范地方税收竞争

一般而言，地方税收竞争与地方税收努力之间具有负相关性。税收竞争是地方之间为了在经济增长中获得优势的一种策略，地方税收竞争越激烈，越会选择降低地方税收努力。随着税收竞争程度的提升，特别是降低税收努力对地方财政收入带来不利影响时，地方政府会寻求收入汲取的替代路径，如过多依赖土地财政、举债等，而这又会进一步抑制地方税收努力。当土地财政具有不可持续性以及债务风险加剧时会加大地方财政压力，不能有效确保民生性基本公共服务的供给，进而制约了相对贫困的治理能力。因此，需要规范地方税收竞争以激励地方税收努力。一方面，加快税收竞争法治建设，完善地区间税收利益协调机制。加强地区间税收信息、税收征管、税务稽查方面的沟通和协作，控制擅自减免税，以避免过度的税收竞争。另一方面，改进地方官员绩效评价体系，引导地区间竞争方式由税收竞争向提高公共产品和服务的支出竞争转变，通过支出竞争激励地方政府提高征税努力，进而实现地方税收努力与相对贫困治理间的良性循环。

四、完善转移支付制度激励机制以提升相对贫困治理效率

本书以财政转移支付为主体，通过三个传导机制研究了财政转移支付影响相对贫困治理的传导路径和传导效应。实证结果发现，自上而下的财政转移支付除了能通过提高基本公共服务均等化水平缓解相对贫困之外，还能通过激励地方财政支出结构偏向生产性支出，以及抑制地方税收努力反向作用于相对贫困治理。为了确保地方财政的高效运行，矫正财政转移支付对地方财政收支行为的负向激励，应加强财政转移支付资金管理，优化财政转移支付资金分配决策，继而推进相对贫困的治理。

（一）矫正财政转移支付对地方财政支出行为的不合理激励

财政转移支付会形成"粘蝇纸效应""公共池效应"以及强化地方政府竞争，这都在很大程度上对地方财政支出决策产生了不合理的激励，促使地方财政支出结构偏向生产性项目，进而削弱了财政转移支付治理相对贫困的效率。鉴于此，要加强财政转移支付资金的预算绩效管理，实行从事前绩效评估到评价结果应用的全过程、全环节管理，健全评价结果通报奖惩制度，将评价结果与财政转移支付资金的设立、整合、保留、调整和退出相挂钩，并作为调整地方财政支出结构与预算安排的重要参考依据。此外，进一步优化地方政府的绩效考核模式，改革官员评价体系，通过提高民生性公共服务的指标权重，实现地方官员与地区民生福利之间的激励相容，进而为有效实施相对贫困治理提供制度环境。

（二）矫正财政转移支付对地方政府收入行为的不合理激励

财政转移支付资金的无偿性会驱动地方政府将其视为税收的替代，此外，财政转移支付还为地方税收竞争提供了财力支持，构成地方主动和被动降低税收努力的动力，影响了相对贫困治理的效率。为了构建财政转移支付与地方税收努力的激励相容机制，一方面应构建激励型财政转移支付，在一般性转移支付分配公式中充分考虑地方税收努力的因素，将财政转移支付与征税之间的替代关系逐渐转变为互补关系；另一方面构建绩效导向型财政转移支付资金分配模式，提高地方政府获取财政转移支付的成本，降低地方政府对财政转移支付的依赖度，以期切实发挥财政转移支付通过正向激励地方税收努力，促进相对贫困治理的作用。

参考文献

一、中文著作

[1] 王玮. 地方财政学 [M]. 北京：北京大学出版社，2013.

[2] 王小林. 贫困测度：理论与方法 [M]. 北京：社会科学文献出版社，2012.

二、中文期刊

[1] 白永秀，刘盼. 全面建成小康社会后我国城乡反贫困的特点、难点与重点 [J]. 改革，2019（5）.

[2] 白增博，孙庆刚，王芳. 美国贫困救助政策对中国反贫困的启示——兼论 2020 年后中国扶贫工作 [J]. 世界农业，2017（12）.

[3] 白增博. 新中国 70 年扶贫开发基本历程、经验启示与取向选择 [J]. 改革，2019（12）.

[4] 白重恩，唐燕华，张琼. 中国隐性收入规模估计：基于扩展消费支出模型及数据的解读 [J]. 经济研究，2015，50（6）.

[5] 鲍曙光. 转移支付财力均等化效应研究——基于中国县级数据的实证分析 [J]. 经济问题探索，2016（7）.

[6] 蔡亚庆，王晓兵，杨军，等. 我国农户贫困持续性及决定因素分析：基于相对和绝对贫困线的再审视 [J]. 农业现代化研究，2016，37（1）.

[7] 曾明，华磊，刘耀彬. 地方财政自给与转移支付的公共服务均等化效应——基于中国 31 个省级行政区的面板门槛分析 [J]. 财贸研究，2014，25（3）.

[8] 陈国强,罗楚亮,吴世艳.公共转移支付的减贫效应估计——收入贫困还是多维贫困?[J].数量经济技术经济研究,2018,35(5).

[9] 陈海林,周镖.税收征管、隐性经济与收入不平等——来自"金税三期"的准自然实验证据[J].税收经济研究,2021,26(3).

[10] 陈思霞,卢洪友.公共支出结构与环境质量:中国的经验分析[J].经济评论,2014(1).

[11] 陈旭佳.中国转移支付的财政均等化效应研究[J].广东财经大学学报,2014,29(3).

[12] 陈宗胜,沈扬扬,周云波.中国农村贫困状况的绝对与相对变动——兼论相对贫困线的设定[J].管理世界,2013(1).

[13] 程永宏,高庆昆,张翼.改革以来中国贫困指数的测度与分析[J].当代经济研究,2013(6).

[14] 迟诚.中国政府间转移支付与城乡居民收入差距的关系研究——基于转移支付的门槛效应分析[J].上海经济研究,2015(11).

[15] 储德银,费冒盛.财政纵向失衡、转移支付与地方政府治理[J].财贸经济,2021,42(2).

[16] 储德银,李悦,费冒盛.中央政府均衡性转移支付影响了地方政府支出结构吗?[J].财经研究,2020,46(8).

[17] 储德银,邵娇.财政纵向失衡与公共支出结构偏向:理论机制诠释与中国经验证据[J].财政研究,2018(4).

[18] 储德银,赵飞.财政分权、政府转移支付与农村贫困:基于预算内外和收支双重维度的门槛效应分析[J].财经研究,2013,39(9).

[19] 崔惠玉,孙靖.公共服务均等化:国际经验与借鉴[J].地方财政研究,2010(2).

[20] 戴平生,陈壮.我国转移支付的地方财力均等化效应——基于水平公平与垂直公平分解的实证研究[J].统计研究,2015,32(5).

[21] 董艳梅,马韵,刀福东.基于三大区域视角的中央转移支付激励效应分析[J].云南财经大学学报,2014,30(4).

[22] 董艳梅.中央转移支付对欠发达地区的财力均等化效应研究

[J]. 经济理论与经济管理, 2013 (10).

[23] 都阳, Albert Park. 中国的城市贫困: 社会救助及其效应 [J]. 经济研究, 2007 (12).

[24] 樊丽明, 解垩. 公共转移支付减少了贫困脆弱性吗? [J]. 经济研究, 2014, 49 (8).

[25] 范和生, 刘凯强. 新时代社会主要矛盾变迁下的消费结构转型与升级 [J]. 理论学刊, 2019 (2).

[26] 范子英, 张军. 转移支付、公共品供给与政府规模的膨胀 [J]. 世界经济文汇, 2013 (2).

[27] 范子英. 财政转移支付与人力资本的代际流动性 [J]. 中国社会科学, 2020 (9).

[28] 付文林, 沈坤荣. 均等化转移支付与地方财政支出结构 [J]. 经济研究, 2012, 47 (5).

[29] 付文林, 沈坤荣. 中国公共支出的规模与结构及其增长效应 [J]. 经济科学, 2006 (1).

[30] 付文林, 赵永辉. 财政转移支付与地方征税行为 [J]. 财政研究, 2016 (6).

[31] 付文林. 均等化转移支付与地方财政行为激励初探 [J]. 财贸经济, 2010 (11).

[32] 高强, 孔祥智. 论相对贫困的内涵、特点难点及应对之策 [J]. 新疆师范大学学报 (哲学社会科学版), 2020, 41 (3).

[33] 高强. 脱贫攻坚与乡村振兴有效衔接的再探讨——基于政策转移接续的视角 [J]. 南京农业大学学报 (社会科学版), 2020, 20 (4).

[34] 官永彬. 政府竞争和转移支付对区际公共服务不均等的影响 [J]. 技术经济, 2019, 38 (1).

[35] 桂华. 市场参与视角下的农村贫困问题——贫困类型、地区分布与反贫困政策 [J]. 南京社会科学, 2019 (7).

[36] 郭庆旺, 陈志刚, 温新新. 中国政府转移性支出的收入再分配效应 [J]. 世界经济, 2016, 39 (8).

[37] 郭庆旺, 贾俊雪. 中央财政转移支付与地方公共服务提供 [J]. 世界经济, 2008 (9).

[38] 韩华为. 农村低保户瞄准中的偏误和精英俘获——基于社区瞄准机制的分析 [J]. 经济学动态, 2018 (2).

[39] 郝春虹, 王英家, 贾晓俊, 等. 分好"财政蛋糕": 对转移支付财力均等化效应和效率的考察 [J]. 中国工业经济, 2021 (12).

[40] 何强, 董志勇. 转移支付、地方财政支出与居民幸福 [J]. 经济学动态, 2015 (2).

[41] 何文炯, 潘旭华. 基于共同富裕的社会保障制度深化改革 [J]. 江淮论坛, 2021 (3).

[42] 胡兵, 赖景生, 胡宝娣. 经济增长、收入分配与贫困缓解——基于中国农村贫困变动的实证分析 [J]. 数量经济技术经济研究, 2007 (5).

[43] 胡洪曙, 梅思雨. 转移支付对地方政府税收努力的影响研究——基于信息不对称的央地政府间博弈分析 [J]. 财政研究, 2021 (11).

[44] 胡洪曙, 梅思雨. 转移支付对企业税负的影响研究——基于信息不对称背景下地方策略性征税视角 [J]. 华中师范大学学报 (人文社会科学版), 2021, 60 (5).

[45] 胡祖铨, 黄夏岚, 刘怡. 中央对地方转移支付与地方征税努力: 来自中国财政实践的证据 [J]. 经济学 (季刊), 2013, 12 (3).

[46] 黄祖辉, 王敏, 万广华. 我国居民收入不平等问题: 基于转移性收入角度的分析 [J]. 管理世界, 2003 (3).

[47] 霍艳丽, 童正容. 从制度因素视角分析我国的相对贫困现象 [J]. 技术与市场, 2005 (4).

[48] 贾俊雪, 郭庆旺, 赵旭杰. 地方政府支出行为的周期性特征及其制度根源 [J]. 管理世界, 2012 (2).

[49] 贾俊雪, 张晓颖, 宁静. 多维晋升激励对地方政府举债行为的影响 [J]. 中国工业经济, 2017 (7).

[50] 贾晓俊, 岳希明, 王怡璞. 分类拨款、地方政府支出与基本公共服务均等化——兼谈我国转移支付制度改革 [J]. 财贸经济, 2015 (4).

[51] 蒋永穆, 祝林林. 扎实推动巩固拓展脱贫攻坚成果同乡村振兴有效衔接 [J]. 马克思主义与现实, 2021 (5).

[52] 解垩. 公共转移支付和私人转移支付对农村贫困、不平等的影响: 反事实分析 [J]. 财贸经济, 2010 (12).

[53] 金双华. 财政转移支付制度对收入分配公平作用的研究 [J]. 经济社会体制比较, 2013 (5).

[54] 康璞, 蒋翠侠. 贫困与收入分配不平等测度的参数与非参数方法 [J]. 数量经济技术经济研究, 2009, 26 (5).

[55] 孔翠英. 中国个人所得税逆向调节作用研究 [J]. 云南社会科学, 2017 (1).

[56] 雷根强, 蔡翔. 初次分配扭曲、财政支出城市偏向与城乡收入差距——来自中国省级面板数据的经验证据 [J]. 数量经济技术经济研究, 2012, 29 (3).

[57] 雷根强, 黄晓虹, 席鹏辉. 转移支付对城乡收入差距的影响——基于我国中西部县域数据的模糊断点回归分析 [J]. 财贸经济, 2015 (12).

[58] 李炳炎, 王冲. 包容性增长: 基于相对贫困视角下的探析 [J]. 探索, 2012 (6).

[59] 李丹, 裴育, 陈欢. 财政转移支付是"输血"还是"造血"——基于国定扶贫县的实证研究 [J]. 财贸经济, 2019, 40 (6).

[60] 李华, 董艳玲. 中国基本公共服务均等化测度及趋势演进——基于高质量发展维度的研究 [J]. 中国软科学, 2020 (10).

[61] 李梦娜. 社会资本视角下城市农民工反贫困治理研究 [J]. 农村经济, 2019 (5).

[62] 李实, 杨一心. 面向共同富裕的基本公共服务均等化: 行动逻辑与路径选择 [J] 中国工业经济, 2022 (2).

[63] 李永友, 沈坤荣. 财政支出结构、相对贫困与经济增长 [J].

管理世界，2007（11）.

［64］李永友，张帆. 垂直财政不平衡的形成机制与激励效应［J］. 管理世界，2019，35（7）.

［65］李珍. 论政府责任边界视域下中国住房公积金制度的改革方向［J］. 社会保障评论，2017，1（4）.

［66］林春，孙英杰. 纵向财政失衡、地方政府行为与经济波动［J］. 经济学家，2019（9）.

［67］林卡. 绝对贫困、相对贫困以及社会排斥［J］. 中国社会保障，2006（2）.

［68］林闽钢. 相对贫困的理论与政策聚焦——兼论建立我国相对贫困的治理体系［J］. 社会保障评论，2020，4（1）.

［69］林万龙，陈蔡春子. 从满足基本生活需求视角看新时期我国农村扶贫标准［J］. 西北师大学报（社会科学版），2020，57（2）.

［70］林小青，彭文甫，杨存建. 川西北高原藏区精准扶贫脱贫不返贫长效机制研究［J］. 农村经济与科技，2018，29（14）.

［71］凌经球. 乡村振兴战略背景下中国贫困治理战略转型探析［J］. 中央民族大学学报（哲学社会科学版），2019，46（3）.

［72］刘俸奇，储德银，姜春娜. 财政透明、公共支出结构与地方政府治理能力［J］. 经济学动态，2021（4）.

［73］刘建民，毛军，吴金光. 我国税收政策对居民消费的非线性效应——基于城乡收入差距视角的实证分析［J］. 税务研究，2016（12）.

［74］刘明慧，章润兰. 财政转移支付、地方财政收支决策与相对贫困［J］. 财政研究，2021（4）.

［75］刘穷志. 转移支付激励与贫困减少——基于PSM技术的分析［J］. 中国软科学，2010（9）.

［76］刘尚希. 人力资本、公共服务与高质量发展［J］. 消费经济，2019，35（5）.

［77］刘怡，刘维刚. 税收分享、征税努力与地方公共支出行为——基于全国县级面板数据的研究［J］. 财贸经济，2015（6）.

[78] 刘祖云. 贫困梯度蜕变、梯度呈现与创新贫困治理——基于社会现代化视角的理论探讨与现实解读 [J]. 武汉大学学报（哲学社会科学版），2020，73（4）.

[79] 柳光强，张馨予. 收入分配三角困局与税收调节职能优化 [J]. 财政研究，2015（5）.

[80] 卢盛峰，陈思霞，时良彦. 走向收入平衡增长：中国转移支付系统"精准扶贫"了吗？[J]. 经济研究，2018，53（11）.

[81] 卢盛峰，卢洪友. 政府救助能够帮助低收入群体走出贫困吗？——基于1989—2009年CHNS数据的实证研究 [J]. 财经研究，2013，39（1）：4-16.

[82] 卢盛峰. 财政转移支付与地方政府支出行为——基于中国地市面板数据的实证分析 [J]. 湖北经济学院学报，2011，9（3）.

[83] 卢现祥，徐俊武. 公共政策、减贫与有利于穷人的经济增长——基于1995~2006年中国各省转移支付的分析 [J]. 制度经济学研究，2009（2）.

[84] 陆小华. 研究西部问题的核心——《西部对策》[J]. 领导决策信息，2000（19）.

[85] 罗明忠，邱海兰. 以信息化全面推进减贫治理能力现代化 [J]. 乡村振兴，2021（7）.

[86] 吕冰洋，郭庆旺. 中国税收高速增长的源泉：税收能力和税收努力框架下的解释 [J]. 中国社会科学，2011（2）.

[87] 吕冰洋，张凯强. 转移支付和税收努力：政府支出偏向的影响 [J]. 世界经济，2018，41（7）.

[88] 吕冰洋. 地方税系的建设原则与方向 [J]. 财经智库，2018，3（2）.

[89] 马光荣，郭庆旺，刘畅. 财政转移支付结构与地区经济增长 [J]. 中国社会科学，2016（9）.

[90] 马海涛，任致伟. 转移支付对县级财力均等化的作用 [J]. 财政研究，2017（5）.

[91] 马万里. 个人所得税为何不能调节中国收入分配差距？[J]. 理论学刊, 2017 (4).

[92] 缪小林, 王婷, 高跃光. 转移支付对城乡公共服务差距的影响——不同经济赶超省份的分组比较 [J]. 经济研究, 2017, 52 (2).

[93] 缪小林, 张蓉. 从分配迈向治理——均衡性转移支付与基本公共服务均等化感知 [J]. 管理世界, 2022, 38 (2).

[94] 乔俊峰, 陈荣汾. 转移支付结构对基本公共服务均等化的影响——基于国家级贫困县划分的断点分析 [J]. 经济学家, 2019 (10).

[95] 秦建军, 戎爱萍. 财政支出结构对农村相对贫困的影响分析 [J]. 经济问题, 2012 (11).

[96] 任志安, 朱康凤. 我国公共转移支付的减贫效应研究 [J]. 东北农业大学学报 (社会科学版), 2018, 16 (6).

[97] 申浩. 少数民族村寨相对贫困家庭可持续生计问题浅析——以安顺市三合苗寨为例 [J]. 农村经济与科技, 2019, 30 (6).

[98] 宋小宁, 葛锐. 地方基建投资热的财政转移支付原因——基于纵向税收竞争理论的分析 [J]. 武汉大学学报 (哲学社会科学版), 2014, 67 (4).

[99] 宋颜群, 解垩. 政府转移支付的扶贫效率、减贫效应及减贫方案选择 [J]. 当代经济科学, 2020, 42 (2).

[100] 苏春红, 解垩. 财政流动、转移支付及其减贫效率——基于中国农村微观数据的分析 [J]. 金融研究, 2015 (4).

[101] 汤学兵, 张启春. 中国政府间转移支付制度的完善：基于区域基本公共服务均等化目标 [J]. 江海学刊, 2011 (2).

[102] 唐任伍. 贫困文化韧性下的后小康时代相对贫困特征及其治理 [J]. 贵州师范大学学报 (社会科学版), 2019 (5).

[103] 唐沿源. 财政转移支付、税收努力及中国经验的实证研究——关于税收努力的一个新的度量及其运用 [J]. 上海行政学院学报, 2010, 11 (5).

[104] 田彬彬, 范子英. 税收分成、税收努力与企业逃税——来自所

得税分享改革的证据［J］.管理世界,2016（12）.

［105］万江滔,魏下海.最低工资规制对企业劳动收入份额的影响——理论分析与微观证据［J］.财经研究,2020,46（7）.

［106］汪鹏.建立解决相对贫困长效机制的着力点［J］.中国党政干部论坛,2020（2）.

［107］王小林,张晓颖.中国消除绝对贫困的经验解释与2020年后相对贫困治理取向［J］.中国农村经济,2021（2）.

［108］王小林.贫困标准及全球贫困状况［J］.经济研究参考,2012（55）.

［109］王增文.中国开发式扶贫基金流向问题研究［J］.中国人口·资源与环境,2012,22（12）.

［110］魏后凯.2020年后中国减贫的新战略［J］.中州学刊,2018（9）.

［111］温忠麟,叶宝娟.中介效应分析:方法和模型发展［J］.心理科学进展,2014,22（5）.

［112］翁杰,徐圣.最低工资制度的收入分配效应研究——以中国工业部门为例［J］.中国人口科学,2015（3）.

［113］吴强,李楠.我国财政转移支付及税收返还变动对区际财力均等化影响的实证分析［J］.财政研究,2016（3）.

［114］吴宗友,甘文园.乡村振兴背景下全留守家庭的相对贫困问题——以社会资本为理论视域［J］.云南社会科学,2022（1）.

［115］向德平.社会工作减贫与决胜全面建成小康社会［J］.社会工作,2020（6）.

［116］肖育才,谢芬.构建兼顾均等与财政激励的一般性转移支付制度研究［J］.西南民族大学学报（人文社会科学版）,2021,42（3）.

［117］谢申祥,刘生龙,李强.基础设施的可获得性与农村减贫——来自中国微观数据的经验分析［J］.中国农村经济,2018（5）.

［118］谢宇航,陈永正.发达国家转移支付制度对地方财力及公共服务的影响［J］.财经科学,2016（9）.

［119］辛秋水. 新形势、新挑战、新机遇、新对策——论新农村建设［J］. 学术评论, 2013 (2).

［120］邢成举, 李小云. 相对贫困与新时代贫困治理机制的构建［J］. 改革, 2019 (12).

［121］邢春娜, 唐礼智. 中央财政转移支付缩小民族地区与沿海地区收入差距研究［J］. 贵州民族研究, 2019, 40 (2).

［122］徐超, 李林木. 城乡低保是否有助于未来减贫——基于贫困脆弱性的实证分析［J］. 财贸经济, 2017, 38 (5).

［123］许源源. 社会组织如何救济贫困农民：权利理论的视角［J］. 四川大学学报 (哲学社会科学版), 2015 (4).

［124］杨帆, 庄天慧. 父辈禀赋对新生代农民工相对贫困的影响及其异质性［J］. 农村经济, 2018 (12).

［125］杨力超, Robert Walker. 2020年后的贫困及反贫困：回顾、展望与建议［J］. 贵州社会科学, 2020 (2).

［126］杨立雄. 相对贫困概念辨析与治理取向［J］. 广东社会科学, 2021 (4).

［127］杨天宇. 中国居民收入再分配过程中的"逆向转移"问题研究［J］. 统计研究, 2009, 26 (4).

［128］叶敬忠. 中国贫困治理的路径转向——从绝对贫困消除的政府主导到相对贫困治理的社会政策［J］. 社会发展研究, 2020, 7 (3).

［129］尹恒, 朱虹. 县级财政生产性支出偏向研究［J］. 中国社会科学, 2011 (1).

［130］尹振东, 汤玉刚. 专项转移支付与地方财政支出行为——以农村义务教育补助为例［J］. 经济研究, 2016, 51 (4).

［131］袁金辉. 构建解决相对贫困的长效机制［J］. 中国党政干部论坛, 2019 (12).

［132］岳希明, 周慧, 徐静. 政府对居民转移支付的再分配效率研究［J］. 经济研究, 2021, 56 (9).

［133］詹智俊, 钟雅琦, 马铭, 等. 社会资本会缓解进城农民工的相

对贫困吗?——基于自我效能感的中介检验 [J]. 深圳社会科学, 2022, 5 (1).

[134] 张川川. 城镇职工退休后就业行为: 基本事实和影响因素 [J]. 劳动经济研究, 2015, 3 (3).

[135] 张传洲. 相对贫困的内涵、测度及其治理对策 [J]. 西北民族大学学报 (哲学社会科学版), 2020 (2).

[136] 张等文, 陈佳. 城乡二元结构下农民的权利贫困及其救济策略 [J]. 东北师大学报 (哲学社会科学版), 2014 (3).

[137] 张恒龙, 陈宪. 政府间转移支付对地方财政努力与财政均等的影响 [J]. 经济科学, 2007 (1).

[138] 张建华, 陈立中. 总量贫困测度研究述评 [J]. 经济学 (季刊), 2006 (2).

[139] 张凯强. 转移支付与地区经济稳定——基于国家级贫困县划分的断点分析 [J]. 财贸经济, 2018, 39 (1).

[140] 张青. 相对贫困标准及相对贫困人口比率 [J]. 统计与决策, 2012 (6).

[141] 赵伦. 相对贫困从个体归因到社会剥夺 [J]. 商业时代, 2014 (18).

[142] 赵玉红. 财政转移支付调节居民收入差距的对策 [J]. 经济纵横, 2013 (9).

[143] 周仲高, 柏萍. 社会贫困趋势与反贫困战略走向 [J]. 湘潭大学学报 (哲学社会科学版), 2014, 38 (1).

[144] 朱青. 对我国税收负担和减税问题的剖析 [J]. 税务研究, 2008 (11).

三、学位论文

[1] 王鹏. 财政转移支付制度改革研究 [D]. 长春: 吉林大学, 2012.

[2] 王守义. 财政转移支付对县级政府基本公共服务供给效率影响研

究［D］.昆明：云南大学，2016.

［3］严雅娜.基本公共服务均等化的财政对策研究［D］.太原：山西财经大学，2017.

［4］尹飞霄.人力资本与农村贫困研究：理论与实证［D］.南昌：江西财经大学，2013.

［5］岳明阳.经济增长、相对贫困与财富分配［D］.武汉：华中师范大学，2018.

四、英文论文集

［1］GRAMLICH E M. The Effect of Federal Grantsonstate-Local Expanditures：a Review of The Econometric Literature［C］. Proceedings of The Annual-conferenceon Tax Action under The Auspices of the National Tax Association. National Tax Asssociation，1969，62.

［2］RIPPIN N. Multidimensional Poverty in Germany：A Capability Approach［C］. Forum for Social Economics. Routledge，2016，45（2-3）.

五、英文著作

［1］ALBERT B. Competitive Governments：An Economic Theory of Politics and Public Finance［M］. Cambridge，New York：Cambridge University Press，1998.

［2］SHORROCKS A，HOEVEN R. Growth，Inequality，and Poverty［M］. Oxford：Oxford University Press，2004.

［3］ARROW K J，KURZ M. Public Investment, the Rate of Return and Optimal Fiscal Policy, Baltimore, MD［M］. Baltimore：Johns Hopkins University Press，1970.

［4］BIRD R M. Threading The Fiscal Labyrinth：Some Issues in Fiscal Decentralization［M］. 1999.

［5］BOOTH C. Life and Labour of the People in London［M］. London：Macmillan，1902.

[6] COLLIER P. Social Capital and Poverty [M]. Washington DC: World Bank, 1998.

[7] GALBRAITH J K. The Affluent Society [M]. London: Mariner Books, 1958.

[8] GRAMLICH E M. Financing Federal Systems [M]. Books, 1997.

[9] GROOTAERT C. Social Capital: The Missing Link? [M]. Washington DC: World Bank, 1997.

[10] MALTHUS T R. The Principle of Population [M]. Oxford: Oxford University Press, 1798.

[11] NURKSE R. Problems of Capital Formation in Undeveloped Countries [M]. Oxford: Oxford University Press, 1953.

[12] OATES W E. Fiscal Federalism [M]. New York: Harcourt Brace Jovanovich, 1972.

[13] OPPENHEIM C, LISA H, GROUP C. Poverty: The Facts [M]. Child Poverty Action Group, 1993.

[14] ROSENFELD M. Interregional Support Policy for East German Regions [M]. Berlin, Heidelberg: Springer, 2007.

[15] ROWNTREE B S. Poverty: A Study of Town Life [M]. London: Macmillan, 1902.

[16] RUNCIMAN W G. Relative Deprivation and Social Justice [M]. London: London Press, 1966.

[17] SCHULTZ T. Investing in People: The Economics of Population Quality [M]. Berkeley: University of California Press, 1981.

[18] SEN A K. Development as Freedom [M]. Oxford: Oxford University Press, 1999.

[19] SHAH A. The Reform of Intergovernmental Fiscal Relations in Developing and Emerging Market Economies [M]. The World Bank, 1994.

[20] TOWNSEND R M. Poverty in the United Kingdom: A Survey of Household Resources and Standard of Living [M]. Berkley, California: Univer-

sity of California Press, 1979.

六、英文期刊

[1] AGGARWAL M. An Assessment of The Effectiveness of Anti-Poverty Programs for Rural Development in India [J]. Journal of International Money and Finance, 2011, 31 (6).

[2] AGOSTINI C A, BROWN P H. CASH Transfers and Poverty Reduction in Chile [J]. Journal of Regional Science, 2011, 51 (3).

[3] ALESINA A, RODRIK D. Distributive Politics and Economic Growth [J]. The Quarterly Journal of Economics, 1994, 109 (2).

[4] Alkire J S. Counting and Multidimensional Poverty Measurement (Revised and Updated) [J]. OPHI Working Papers, 2009, 12.

[5] ALKIRE S, FOSTER J. Counting and Multidimensional Poverty Measurement [J]. Journal of Public Economics, 2011, 95 (7).

[6] AYRES C E, MYRDAL G. The Challenge of World Poverty: A World Anti-Poverty Program in Outline [J]. Political Science Quarterly, 1971, 86 (3).

[7] BARRO R J. Government Spending in a Simple Model ofEndogeneous Growth [J]. The Journal of Political Economy, 1990, 98 (5).

[8] BERGVALL D, Charbit T. Intergovernmental Transfers and Decentralised Public Spending [J]. OECD Journal on Budgeting, 2006, 5 (4).

[9] BIRD R M, SMART M. Intergovernmental Fiscal Transfers: International Lessons for Developing Countries [J]. World Development, 2002, 30 (6).

[10] BLAU D M, ROBINS P K. Labor Supply Response to Welfare Programs: A Dynamic Analysis [J]. Journal of Labor Economics, 1986, 4 (1).

[11] BOADWAY R. W. The Theory and Practice of Equalization [J]. CESifo Economic Studies, 2004, 50.

[12] BRADY D. The Welfare State and Relative Poverty in Rich Western

Democracies, 1967-1997 [J]. Social Forces, 2005, 102 (1).

[13] BUCOVETSKY S, SMART M. The Efficiency Consequences of Local Revenue Equalization: Tax Competition and Tax Distortions [J]. Journal of Public Economic Theory, 2006, 8 (1).

[14] BUETTNER T. The Incentive Effect of Fiscal Equalization Transfers on Tax Policy [J]. Journal of Public Economics, 2006, 90 (3).

[15] CAI H, TREISMAN D. Did Government Decentralization Cause China's Economic Miracle? [J]. World Politics, 2006, 58 (4).

[16] CAMINADA K, GOUDSWAARD K, WANG C. Disentangling income inequality and the redistributive effect of taxes and transfers in 20 LIS countries over time [J]. Mpra Paper, 2012, 3.

[17] CAMINADA K, WANG C. Disentangling Income Inequality and the Redistributive Effect of Social Transfers and Taxes in 36 LIS Countries [J]. LIS Working papers, 2011.

[18] CHAMBER P. Poverty and Livelihood: Whose Reality Counts? [J]. Economic Review, 1995 (2).

[19] CHERNICK H A. An Economic Model of the Distribution of Project Grants [J]. Washington DC: Urban Institute, 1979.

[20] CHUNG R Y, CHUNG G K, GORDON D. Deprivation is Associated with Worse Physical and Mental Health Beyond Income Poverty: A Population-Based Household Survey among Chinese Adults [J]. Quality of Life Research, 2018, 27 (8).

[21] CLIST P, MORRISSEY O. Aid and Tax Revenue: Signs of A Positive Effect Since The 1980s [J]. Journal of International Development, 2011, 23 (2).

[22] COX D, HANSEN B E, JIMENEZ E. How Responsive Are Private Transfers to Income? Evidence from a Laissez-Faire Economy [J]. Journal of Public Economics, 2004, 88 (9).

[23] DAHLBY B. Reforming the Tax Mix in Canada [J]. The School of

Public Policy Publications, 2012, 5 (14).

[24] DELLER S C, MAHER C S. Categorical Municipal Expenditures with A Focus on the Flypaper Effect [J]. Public Budgeting & Finance, 2005, 25 (3).

[25] DENNIS R, TOBA B, ZSOFIA M Z. Canada Considers a Basic Income Guarantee: Can It Achieve Health for All? [J]. Health Promotion International, 2019 (5).

[26] DIMOVA R, WOLFF F C. Are Private Transfers Poverty and Inequality Reducing? Household Level Evidence from Bulgaria [J]. Journal of Comparative Economics, 2008, 36 (4).

[27] EGGER P H, KOETHENBUERGER M, SMART M. Do Fiscal Transfers Alleviate Business Tax Competition? Evidence from Germany [J]. Social Science Electronic Publishing, 2010, 95 (3).

[28] FORTUNA M, AHMAD E, SINGH R. Toward More Effective Redistribution: Reform Options for Intergovernmental Transfers in China [J]. IMF Working Papers, 2004.

[29] FUEST C, HUBER B. Can Regional Policy in A Federation Improve Economic Efficiency? [J]. Journal of Public Economics, 2006, 90 (3).

[30] GARCIA - MILÀ T, MCGUIRE T J. Do Interregional Transfers Improve the Economic Performance of Poor Regions? The Case of Spain [J]. International Tax and Public Finance, 2001, 8 (3).

[31] GERTLER P J, MARTINEZ S W, RUBIO-CODINA M. Investing Cash Transfers to Raise Long-Term Living Standards [J]. American Economic Journal: Applied Economics, 2012, 13.

[32] GOODSPEED T J. Bailouts in a Federation [J]. International Tax and Public Finance, 2002, 9 (4).

[33] HANSEN B E. Threshold Effects in Non - Dynamic Panels: Estimation, Testing and Inference [J]. Journal of Econometrics, 1999, 93.

[34] HARDING A. The Suffering Middle: Trends in Income Inequality in

Australia, 1982 to 1993-94 [J]. Australian Economic Review, 1997, 30 (4).

[35] HIGGINS S, LUSTIG N. Can a Poverty-Reducing and Progressive Tax and Transfer System Hurtthe Poor? [J]. Journal of Development Economics, 2016, 122.

[36] HUANG B, CHEN K. Are Intergovernmental Transfers in China Equalizing? [J]. China Economic Review, 2012, 23 (3).

[37] KARNIK A, LALVANI M. Flypaper Effect Incorporating Spatial Interdependence [J]. Review of urban & regional development studies, 2008, 20 (2).

[38] KIM K, LAMBERT P J. Redistributive Effect of U.S. Taxes and Public Transfers, 1994-2004 [J]. University of Oregon Economics Department Working Papers, 2009, 37 (1).

[39] LAL D, SHARMA A. Private Household Transfers and Poverty Alleviation in Rural India: 1998-1999 [J]. Margin the Journal of Applied Economic Research, 2009, 3 (2).

[40] LEIBENSTEIN H. The Theory of Underemployment in Backward Economies [J]. Journal of Political Economy, 1957, 65 (2).

[41] LEVAGGI R, ZANOLA R. Flypaper Effect and Sluggishness: Evidence from Regional Health Expenditure in Italy [J]. International Tax & Public Finance, 2003, 10 (5).

[42] LI H, ZHOU L A. Political Turnover and Economic Performance: the Incentive Role of Personnel Control in China [J]. Journal of public economics, 2005, 89 (9-10).

[43] LI H, ZHOU L A. Political Turnover and Economic Performance: The Incentive Role of Personnel Control in China [J]. Journal of Public Economics, 2005 (89).

[44] LINDERT K, SKOUFIAS E, SHAPIRO J. Redistributing Income to The Poor and The Rich: Public Transfers in Latin America and The Caribbean [J]. Social Safety Nets Primer Series, 2006, 203.

[45] LITSCHIG S, MORRISON K M. The Impact of Intergovernmental Transfers on Education Outcomes and Poverty Reduction [J]. American Economic Journal: Applied Economics, 2013, 5 (4).

[46] LIU Y. Does Competition for Capital Discipline Governments? The Role of Fiscal Equalization [J]. International Tax and Public Finance, 2014, 21 (3).

[47] LOAYZA N V, ODAWARA R. Infrastructure and Economic Growth in Egypt [J]. Policy Research Working Paper Series, 2010, 22 (3-4).

[48] LUARA S. The Fly Paper Effect in Mexican Local Governments [J]. Econonmic Studies, 2013, 28 (1).

[49] LUO C. Economic Restructuring, Informal Jobs and Pro-poor Growth in Urban China [J]. Asian Economic Journal, 2011, 25 (1).

[50] MARX K. Capital: A Critique of Political Economy: The Process of Capitalist Production [J]. History of Economic Thought Books, 1867.

[51] MOFFITT R. The Effects of Grants-in-Aid on State and Local Expenditures: The Case of AFDC [J]. Journal of Public Economics, 1984, 23.

[52] MUSGRAVE R A. Public finance, now and then [J]. Finanz Archiv Public Finance Analysis, 1983 (H. 1).

[53] NELSON R R. A Theory of The Low-Level Equilibrium Trap in Underdeveloped Economies [J]. The American Economic Review, 1956, 46 (5).

[54] NURKSE R. Notas sobre o Trabalho do Sr. Furtado Relativo a Formação de Capitais e Desenvolvimento Econômico [J]. Revista Brasileira de Economia, 1953, 7 (1).

[55] OATES W E. Oates: An Essay on Fiscal Federalism An Essay on Fiscal Federalism [J]. Journal of Economic Literature, 1999, 37 (3).

[56] PERSSON T, TABELLINI G. Political Economics and Public Finance [J]. Social Science Electronic Publishing, 1999, 3.

[57] QIAN Y, ROLAND G. Federalism and the Soft Budget Constraint [J]. The American Economic Review, 1998, 88 (5).

[58] QIAN Y, WEINGAST B R. China's Transition to Markets: Market-Preserving Federalism, Chinese Style [J]. Journal of Reform, 1996, 1.

[59] RAINWATER L, ATKINSON A, SMEEDING T M. Income Distribution in Advanced Economies: The Evidence from the Luxembourg Income Study (LIS) [J]. LIS Working Papers Series, 1994.

[60] RAVALLION M, CHEN S. Benefit Incidence with Incentive Effects, Measurement Errors and Latent Heterogeneity: A Case Study for China [J]. Journal of Public Economics, 2015, 12 (8).

[61] RAVALLION M, CHEN S. China's (uneven) Progress Against Poverty [J]. Journal of Development Economics, 2004, 82 (1).

[62] ROBISON L J, SILES M E. Social capital and household income distributions in the United States: 1980, 1990 [J]. The Journal of Socio-Economics, 1999, 28 (1).

[63] SCHNEIDER F, ENSTE D H. Shadow Economies: Size, Causes, and Consequences [J]. Journal of Economic Literature, 2000, 38 (1).

[64] SEN A K. A Sociological Approach to The Measurement of Poverty: A Reply to Professor Peter Townsend [J]. Oxford Economic Papers, 1985, 37 (4).

[65] Sen A K. Capability and Well-Being [J]. Quality of Life, 1991, 30.

[66] SEN A K. Poverty: An Ordinal Approach to Measurement [J]. Econometrica, 1976, 44 (2).

[67] SEN A K. The Many Faces of Gender Inequality [J]. New Republic, 2001, 50 (6).

[68] SEN A K. Poor, Relatively Speaking [J]. Oxford economic papers, 1983, 35.

[69] SILVA V G, RAMALHO E A, VIEIRA C R. The Impact of SEPA in Credit Transfer Payments: Evidence from The Euro area [J]. Research in International Business and Finance, 2016, 38.

[70] SILVA V G, RAMALHO E A, VIEIRA C R. The Impact of SEPA in Credit TransferPayments: Evidence from the Euro Area [J]. Research in International Business and Finance, 2016, 38.

[71] SKOUFIAS E, MARO V D, GONZÁLEZ-COSSÍO T, et al. Nutrient Consumption and Household Income in Rural Mexico [J]. Agricultural Economics, 2009, 40 (6).

[72] SMART M. Taxation Incentives and Deadweight Loss in A System of Intergovernmental Transfers [J]. Working Papers, 1996, 31 (1).

[73] SNODDON T, WEN J F. Grants Structure in An Intergovernmental Fiscal Game [J]. Economics of Governance, 2003, 4 (2).

[74] STEIN E. Fiscal Decentralization and Government Size in Latin America [J]. Journal of Applied Economics, 1999, 2 (2).

[75] STEIN J C. Internal Capital Markets and The Competition for Corporate Resources [J]. The Journal of Finance, 1997, 52 (1).

[76] STIGLER G. The Tenable range of functions of local government [J]. Washington, D.C.: Joint Economic Committee. Subcommittee on Fiscal Policy, 1957.

[77] TAO W. Sources of Real Exchange Rate Fluctuations in China [J]. Journal of Comparative Economics, 2005, 33 (4).

[78] THORBECKE E. A Comment on Multidimensional Poverty Indices [J]. Journal of Economic Inequality, 2011, 9 (3).

[79] TIEBOUT C. A pure theory of local expenditures [J]. Journal of Political Economy, 1956, 64 (5).

[80] TOWNSEND R M. Optimal Contracts and Competitive Markets with Costly State Verification - ScienceDirect [J]. Journal of Economic Theory, 1979, 21 (2).

[81] TOWNSEND R M. Theoretical Analysis of An Alphabetic Confusion Matrix [J]. Perception & Psychophysics, 1971, 9 (1).

[82] TSUI K, BERKOWITZ D, ROLAND G. Local Tax System, Intergov-

后 记

党的二十大报告指出："中国式现代化是全体人民共同富裕的现代化。"党的十九届四中全会明确提出要巩固脱贫攻坚成果并建立解决相对贫困的长效机制。2020年后我国进入"后扶贫时代"，相对贫困成为该时代的突出问题和实现共同富裕目标的主要障碍。改革开放以来，财政转移支付承担了促进区域协调发展、缩小地区差距、推进基本公共服务均等化的重要使命，成为我国贫困治理的核心政策工具，为我们理解中国特色的贫困治理体系提供了一个重要视角。鉴于此，本书以财政扶贫为背景，探索财政转移支付减贫的机制和效应，尝试从基本公共服务均等化、地方财政支出结构以及地方税收努力三个维度检验财政转移支付影响相对贫困的传导机制，进而从规范财政转移支付制度，优化地方财政支出结构，提高地方税收努力程度和完善转移支付制度激励机制层面提出有针对性的政策建议，以提高相对贫困治理的质效。

本书是在我的博士学位论文基础上整理而成的，全书内容的编辑和完善得到了导师刘明慧教授和大连外国语大学马克思主义学院各位领导和同事的悉心指导和帮助，在此表示最诚挚的谢意。

本书的出版得到光明日报出版社、辽宁省社科联项目和大连外国语大学马克思主义学院学科建设经费的资助，特此感谢！编写过程中参考了大量的教材、专著和论文，在此向有关作者表示感谢！由于水平有限，对于本书的错漏之处，恳请各位读者朋友批评指正。

章润兰
2023 年 10 月 22 日

ernmental Transfers and China's Local Fiscal Disparities [J]. Journal of Comparative Economics, 2005, 33 (1).

[83] WEINGAST B R. Second Generation Fiscal Federalism [J]. Social Science Electronic Publishing, 2007, 65 (3).

[84] WONG C. Can China Change Development Paradigm for the 21stCentury? [J]. Fiscal Policy Options for Hu Jintao and Wen Jiabao after Two Decades of Muddling through. Berlin: Stiftung Wissenschaft und Politik, 2005 (12).

[85] WU X, PERLOFF J M, GOLAN A. Effects of Governments policies on urban and rural income inequality [J]. Review of Income & Wealth, 2010, 52 (2).